カラー版

本ができるまで 増補版

岩波書店編集部 編

皮ジュニア新書 999

まえがき

突然ですが、自分の好きな「本」を思い浮かべてみてください。

まず、思い起こすのはどんなことでしょうか。もしかすると、本の内容より先に、その装《そう》丁《てい》や書体、紙の手触りやページをめくる音など、感覚的な記憶が蘇ってくるかもしれません。

本書は『本ができるまで』というタイトルですが、編集者が企画を立てて、著者が執筆して、校正者が内容をチェックして……、というような話ではありません。情報コンテンツとしての「本」ではなく、物理的なモノとしての「本」のつくり方についての本です。

たとえばこの本、新書判という少し縦長のサイズで、カバーにはタイトルと「本づくり」をイメージしたかわいらしいイラストが描かれています。本文は九・五ポイントという大きさの活字、それが一行あたり四一字で一五行、つまり一ページに六一五字入っています。

さて、この本がどうつくられたか、興味がわいてきたら、まずはページをめくり、印刷博物館で本づくりの歴史を調べ、次に印刷所と製本所を訪ねてみましょう。

技術は日々進化します。それは本づくりの世界でも同じです。

印刷業界では、およそ五〇年の間に大きな技術革新が二回起こりました。一度目は活版から電算写植へ、二度目は電算写植からＤＴＰへ。本書の初版がでた二〇〇三年は、ちょうど二度目の変革の真っ最中でした。

それから約二〇年。現在、印刷技術のデジタル化はひと段落したように見えますが、現場では日々、アップデートされる技術への対応が続いています。また、デジタル技術の枠組みの中で、アナログ時代に培ったデータやノウハウを活かし続ける努力も行われています。

グーテンベルクの時代から現在に至るまで、多くの人たちが、どのように読みやすく、美しく、丈夫で扱いやすい本をつくるために努力してきたか、そしていまも研究を続けているか……。本づくりの現場を知ると、本を読む喜びがより一層深くなるかもしれません。

岩波ジュニア新書編集部

二〇二五年二月

目　次

Ⅱ　二〇〇三年当時の印刷──精興社印刷工場を訪ねて

※ここまでは、二〇〇三年に出版された初版の内容を一部修正して収録したものです。
【II 二〇〇三年当時の印刷】は【II 現代の印刷】に、【III 二〇〇三年当時の製本の仕事】

コラム　本の種類

書店では、本を探し求める人が目当ての本を見つけやすいように、色々なジャンル分けを工夫しています。しかしそのような分類とは別に、文庫や新書が他の本と別の場所に集められています。これらは、内容ではなく本の形によって分けられているわけです。本の形や大きさを判型といいます。文庫、新書というのは、この判型を表す言葉です。本のことを知る上でこの判型は大切な要素なので、一般的な判型について説明しておきます(サイズは岩波書店の出版物を紹介していますが、出版社によって少しずつ違いがあります)。

文庫判＝縦一四八ミリ、横一〇五ミリ。現在日本でもっとも読まれているのが、この判型です。文庫判は、ほんらい長く読み継がれる古典的作品を、手軽で読みやすい形で提供するために生み出されたものです。用紙も普通の単行本よりも薄いものを使い、一部を除いてほとんどが柔らかい表紙の並製本です。一九七〇年代頃からは、古典に限らず人気の高い作家の本が次々に文庫化されたり、書き下ろしが登場するなど、少しずつその性格が変わってきました。

新書判＝縦一七三ミリ、横一〇七ミリ。文庫とくらべ新書は社会の注目を集めているテーマなどについての書き下ろしが中心です。用紙は文庫とほぼ同様のものが使われています。この本も新書判です。

四六判《しろくばん》＝縦一八八ミリ、横一二九ミリ。文庫や新書についで、現在一般的なのが、この判型です。新刊の小説やエッセイ集が、多くこの判型で出されています。小説などは硬い表紙の上製本が多いようですが、並製本も決して少なくありません。

B6判＝縦一八二ミリ、横一二八ミリ。かつてはハンディーな判型として、教科書や読み物などに多く用いられましたが、今では四六判を用いることが多くなっています。

A5判＝縦二一〇ミリ、横一四八ミリ。大学生の教科書や文学者の全集などによく使われる判型です。全集などは上製本がふつうですが、教科書などでは並製本も多くあります。

B5判＝縦二五七ミリ、横一八二ミリ。大学ノートと同じサイズです。出版物として最も多いのは週刊誌です。図が多く入った書籍などに用いられることもあります。

A4判＝縦二九七ミリ、横二一〇ミリ。大きな判型なので、美術書や地図帳などに多く用いられます。持ち運ぶというより書棚に置く本なので、製本は堅牢《けんろう》な上製本が多くなります。

菊判《きくばん》＝縦二二〇ミリ、横一五二ミリ。企業の社史や大きめの辞書などによく用いられます。製本は上製がほとんどです。文学全集などでこの判型のものが多く出版された時期もあります。

全体に大きな判型が少なくなってきたのが、最近の傾向といえるでしょう。

コラム　紙にはAとBがある——紙の大きさ

日常、紙や本の大きさをA4とかB5などと呼びます。これは日本工業規格（JIS）で決められている洋紙の寸法です。

一方で、昔から使われている紙の大きさの呼称に菊判や四六判があり、今でも普通に使われています。これは手漉《す》きで作られていた日本の和紙の寸法を基準にしている紙の大きさで、A、B判と同じように洋紙にも使われています。

実際の紙の大きさは原紙《げんし》寸法と仕上《しあがり》寸法の二つがあります。加工した仕上寸法に対して、断裁余白を含んだ寸法はやや大きめで原紙と呼んでいます（表1）。

紙は原紙を仕上げた全判（1番）が基本です。その倍の大きさを倍判（0番）といいますが、ポスターなど特別に大きな印刷物に使われます。用途によって寸法はさまざまですが、書籍、雑誌、便《びん》せんなどに仕上げた場合の寸法（表2）が正規の寸法です。

例えば、A4判は事務用紙一般、A5判は教科書、A6判は文庫本などに多く使われます。B全判は大型ポスター、B5判は週刊誌や大判書籍、B6判は小型の一般書籍の大きさです。もちろん、規格寸法以外のさまざまな印刷物や本がありますが、規格外の変型判は紙の無駄がでることに気をつけなければなりません。

表 2　紙加工仕上寸法

番号＼列	A　列	B　列
0	841×1189	1030×1456
1	594× 841	728×1030
2	420× 594	515× 728
3	297× 420	364× 515
4	210× 297	257× 364
5	148× 210	182× 257
6	105× 148	128× 182
7	74× 105	91× 128
8	52× 74	64× 91
9	37× 52	45× 64
10	26× 37	32× 45

単位(mm)

表 1　紙の原紙寸法

種　類	寸　法
A列本判	625× 880
B列本判	765×1085
四 六 判	788×1091
菊　判	636× 939

単位(mm)

0 番は 1 番(全判)の 2 倍の大きさで，倍判とも呼ばれる．

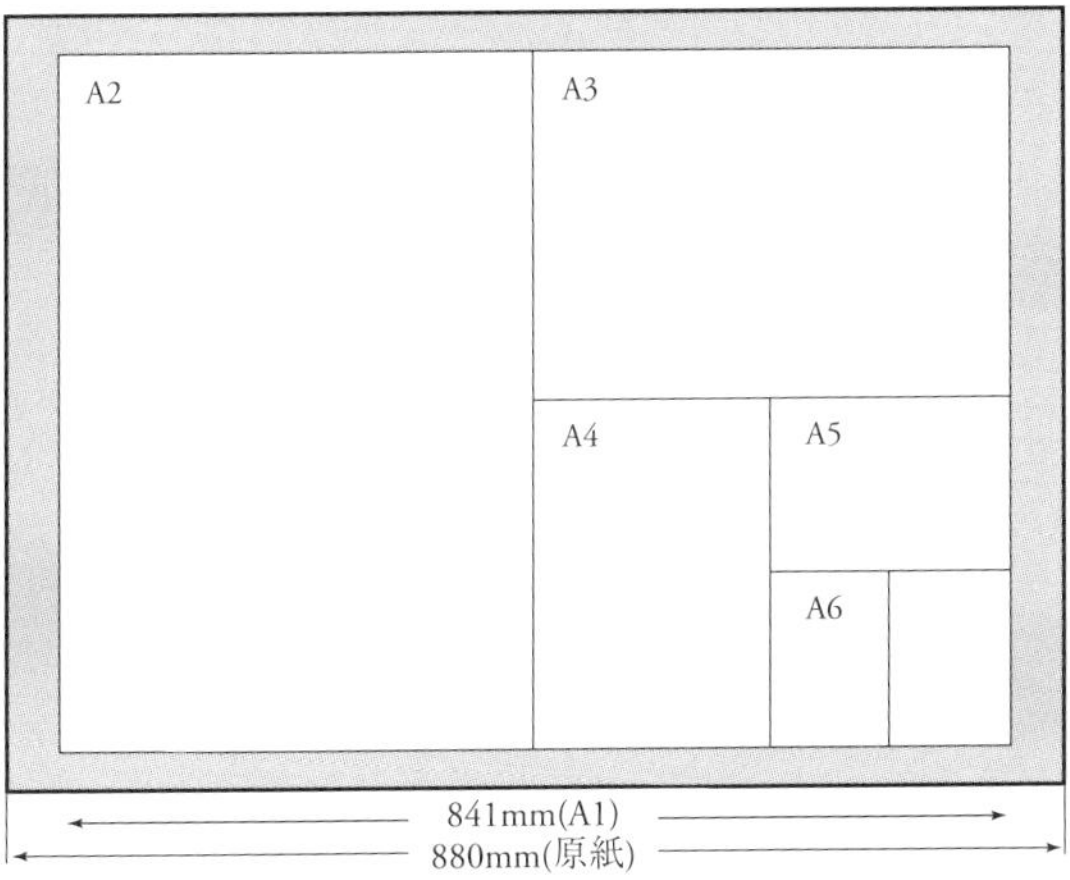

I

本と印刷の歴史をたどる

──印刷博物館を訪ねて

東京都文京区にある印刷博物館(初代館長、粟津潔《あわづきよし》氏)には、印刷に関わるさまざまなものが展示されています。印刷博物館の展示品の中から、今回は私たちが日常的に接している本の歴史に関わるものを中心に、「よりきれいに、早く、大量に」つくることを目指してきた印刷の歴史をたどります。

1　本を生み出したグーテンベルクの智恵

ルネサンスの三大発明「火薬」、「羅針盤《らしんばん》」、「活版印刷《かっぱんいんさつ》」は有名ですが、いずれも中国または朝鮮半島に起源があるといわれています。つまり正確には発明ではなく、「三大改良」になります。しかし発明といっても間違いではないでしょう。ヨーロッパで加えられたこの改良が後の世界を大きく変え、その変革力の大きさこそがきわめて重要だからです。

なかでも活版印刷は、本を大量複製できるようにしたところに発明としての意義があったといえます。活版印刷が登場したおかげで、今日、みなさんが読書を楽しめるようになったのですから。

活字《かつじ》は簡単にいうと、一文字ずつバラバラになった文字ブロックです。これを並べて印刷のための版《はん》をつくり、印刷後はバラバラにして再利用できる──それが活版印刷の特色です。活字の製造そのものは十一世紀半ば、粘土を焼いて活字をつくったという記録が中国にあります。さらに一三〇〇年代に高麗《こうらい》で金属活字を使って印刷された本が、現在でも残っています。しかし不思議なことに東洋で起こった活版印刷は普及せず、昔ながらの木版《もくはん》印刷が主流となって発展してきました。

西洋でのアルファベットが、AからZまでの二六種類の文字を揃えればよかったのに対し、東洋では漢字を含め、いろいろな文字が必要となります。日本ではひらがなやカタカナも揃えなければなりません。作業効率の悪さ、このあたりにかつての東洋で活版印刷が続かなかった理由がありそうです。

十五世紀ドイツのマインツという町でヨハネス・グーテンベルクという人物が、西洋ではじめて活版印刷を行います。彼のおかげでこの新しい技術は爆発的に市民に受け入れられ、後の宗教改革やヨーロッパ近代社会成立に大きな役割を果たしました。

活字を使った印刷は東洋ですでに行われていたのに、グーテンベルク一人が高く評価されているのはなぜでしょう。改めて彼の功績を見てみる必要がありそうです。何が東洋の活字と違ったのでしょう。グーテンベルクはどんな工夫をしたのでしょう。

●「瞬間凝固」する金属

第一に挙げられるのが活字に用いた金属です。グーテンベルクがつくった活字の主成分は、低い温度でも溶ける鉛《なまり》です。同時に鉛には、炉《ろ》から出た瞬間に固まるという特性もあります。すばやく固まるという性質は活字を大量鋳造《ちゅうぞう》する際にとても大切です。

グーテンベルクが生まれたマインツ、ライン川中流域は、金属細工、冶金《やきん》産業が昔から盛んなところでした。銀や銅などを加工し、食器、メダル等を製作していた地域だったのです。グーテンベルクが金属に対するかなりの知識を持っていた可能性は高く、そのような環境下で鉛に出会ったのかもしれません。

ただし軟らかい鉛だけでは印刷機で強い圧力をかけたとき、すぐにつぶれて使い物にならなくなってしまいます。そこでグーテンベルクは数種類の金属を合金《ごうきん》することで、一定の強度を持たせることに成功しました。

溶けやすく、固まりやすく、かつ硬い金属の開発、これが第一の功績です。

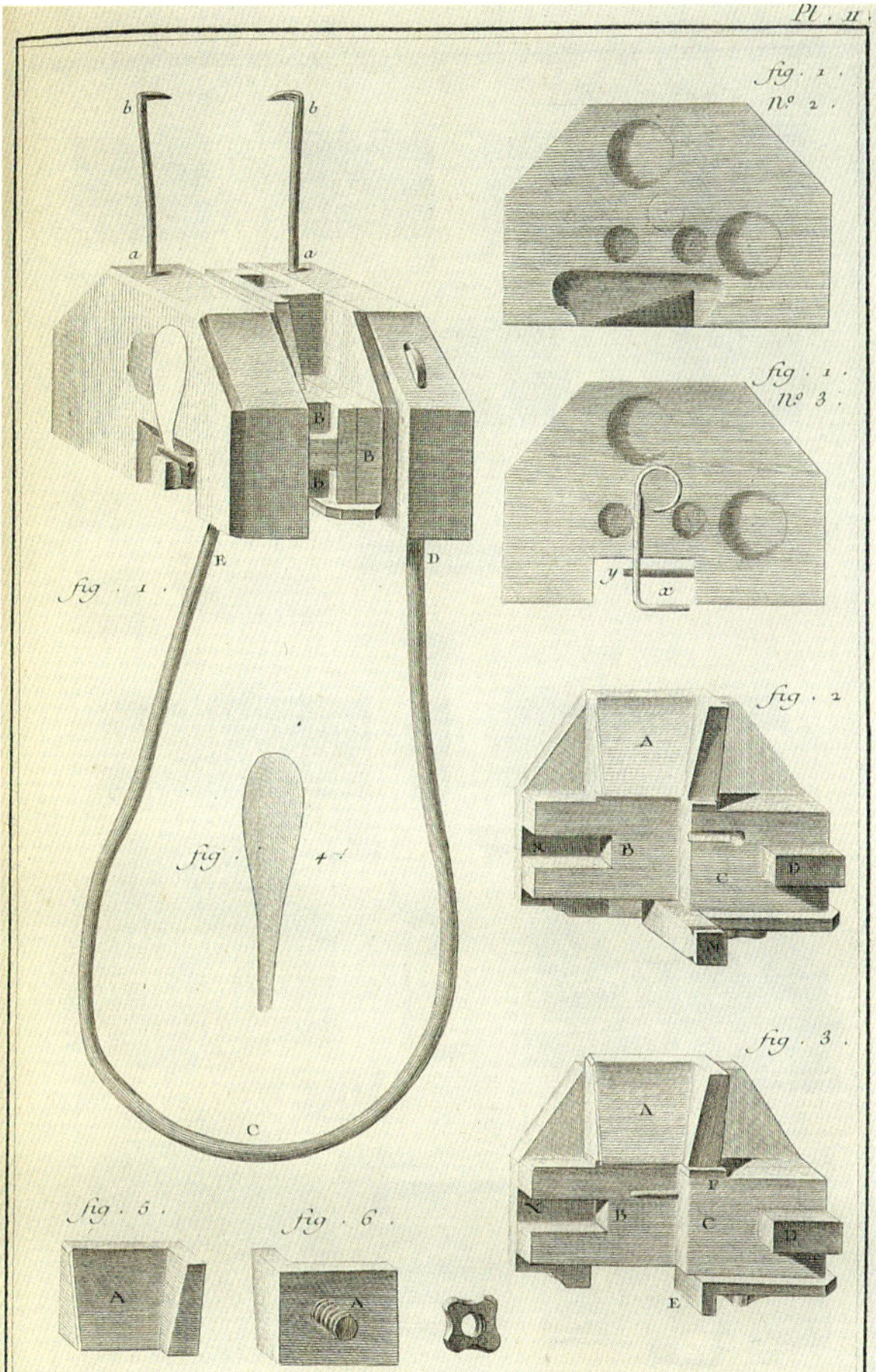

モールド分解図(『百科全書』印刷博物館蔵)

●母型と父型――手動式活字鋳造機

印刷は同じモノを正しく、複数製作しなければなりません。学校で使う教科書が一人ひとり違っていたら授業が成り立たなくなってしまいます。同じことが、版材《はんざい》である活字製作にもいえます。同型の活字を大量に複製することを考えたのも、実はグーテンベルクでした。

まず硬い金属を彫刻し、種字《たねじ》をつくります。それを銅などの比較的軟らかい金属へ打ち付けるのですが、前者を父型、後者を母型といいます。次に溶かした鉛合金を母型に注ぎ入れますが、ここでグーテンベルクはモールドと呼ばれる、手のひらで扱える特殊な器具を考案しました。これによりシステマチックに、簡単に活字鋳造ができるようになったのです。この手動式活字鋳造機のおかげで、一人一日六〇〇〇個もの活字を鋳造することができたといわれています。

●木製印刷機

彫刻した木板にインキをつけた原初的な印刷(木版印刷)が、西洋では長い間行われてきました。すべてが手作業で行われる木版印刷では、美しい本を大量につくり出すには限界があ

16 世紀の活版印刷の風景(『西洋職人づくし』 印刷博物館蔵)

ります。そこでグーテンベルクは、垂直方向に強い圧力をかけることができる機械を開発します。木製の印刷機の登場です。

スクリューに取り付けられた木の棒を手前に引っ張ると圧盤《あつばん》が下がり、強い圧力が版に伝わる仕組みになっています。この手引きの印刷機は、ワインをつくる際に使用するぶどう搾《しぼ》り機をヒントに、グーテンベルクが独自に考え出したといわれています。

印刷機の開発により、品質の向上と大量複製が同時に可能になったのです。

●油性インキ

活版印刷に適したインキをつくり出したことも、やはり高く評価されなければなりません。従来、写本《しゃほん》筆記や木版印刷で用いたインキは、油煙《ゆえん》や煤煙《ばいえん》を水と膠《にかわ》類で溶いた水性のものでした。しかし、水性インキは金属製の活字にはのりが悪く、不向きです。

一四〇一年ごろ、フランドル地方の画家ファン・アイク兄弟がワニスを用いた油絵具をつくり、ついで煮沸《しゃふつ》アマニ油を用いた、油性インキの製造も行っていたようです。グーテンベルクはこのことを伝え聞き、改良を加え、鉛合金製活字に適したインキをつくったのです。

ちなみに現代の日本では新聞、雑誌などに一年間で約三二万トンのインキを消費しています。現代の印刷インキの大部分は油性ですが、その祖先はグーテンベルクが考え出した、というわけです。

◉レイアウトの発想──写本の模倣

グーテンベルクが生きた十五世紀当時、先端メディアの一つが写本でした。写本とは修道院や工房で、写字生《しゃじせい》と呼ばれる職人が手書きで筆記した本です。聖書を中心とした物語が、二段組の美しいレイアウトと華麗な挿絵《さしえ》で表現されていました。グーテンベルクは本のレイアウト構成を考える際、写本を参考にしました。

また、グーテンベルクが採用した重厚な印象の書体──〈ゴシック〉も、中世以来写本で使われてきたものです。ゴシックが長方形であることに着目し、文字それぞれを単独に、かつ相関性を持たせ、組み合わせられるようにしました。これを可能にするために鋳型《いがた》を工夫し、活字の規格化を図ったと考えられます。

グーテンベルクは印刷という新しいメディアを写本に近付けることで、本の完成度を高めようと努力したのです。

●はじめての書店

グーテンベルクは商人であるヨハン・フストと組んで、新しく印刷所を開き商売を始めます。自分の屋敷でやっていた時は一台しかなかった印刷機も、六から七台へと増えていきました。

はじめての本屋、つまり産業として印刷が出発できる下地をつくったのも、グーテンベルクとその協力者たちだったといえます。人々にニーズの高い聖書や免罪符、暦《こよみ》をつくり、買い手として修道院、司祭、大学教授、世俗領主などを想定して売り出しました。大量に複製し、しかも美しく、読みやすいという付加価値を付ける、これは当時のヨーロッパにあった他の産業には決して見られない特色でした。

さまざまな職種の人々を一つの事業目的に結集し、効率よく生産するために共同事業体制を採用する。こうした初期資本主義的な生産方式こそ、グーテンベルクが単なる職人ではなく、優れた経営者でもあったことを証明するものです。

グーテンベルクの功績を具体的に見ると、彼が何か新しく技術的創作を行ったというよりは、当時すでにあった先端技術をうまく活用して新しい発想をしていたことがわかります。グーテンベルクは発明者というよりむしろ、印刷技術を産業レベルにまで押し上げた、開発者であったと言えるでしょう。

●グーテンベルク四二行聖書

グーテンベルクは一四五五年頃、はじめて聖書を印刷します。

次ページの写真は、同じ聖書の原葉《げんよう》(オリジナルの一枚)です。一ページ四二行あるところから『四二行聖書』の名が付きました。彼は自ら考案した活字を用いて試作した後、この聖書を印刷します。現在世界中で四九部の存在が確認されていますが、当時は二〇〇部程度製作されていたと考えられます。十五世紀のヨーロッパでは、聖書がもっとも必要とされていた本でした。しかしグーテンベルク登場以前は、聖書はすべて手書きで写され、教会や修道院、貴族など、限られた場所でのみ利用されていた、いわば貴重品でした。

そのような時代に出版されたこの聖書にどれだけ重要な意味があったのかは、想像に難くありません。その後もしばらく、聖書は一般市民が入手できるような安価な本ではありませんでしたが、グーテンベルクが生んだ『四二行聖書』が、本の普及へ向けての大きなステップとなったのは間違いありません。

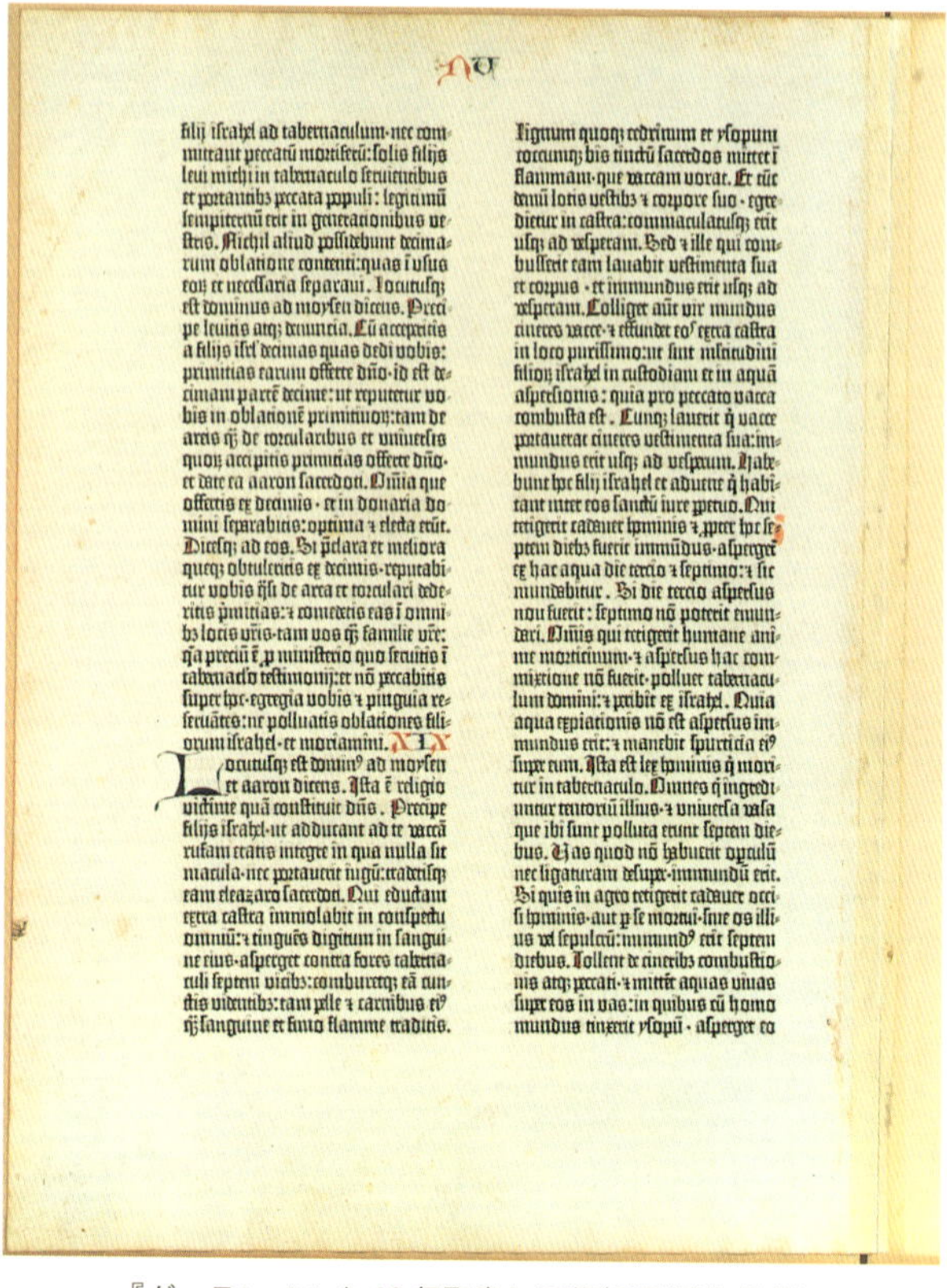

NV

filij israhel ad tabernaculum·nec com-
mittant peccatū mortiferū: solis filijs
leui michi in tabernaculo servientibus
et portantibꝫ peccata populi: legitimū
sempiternū erit in generationibus ve-
stris. Nichil aliud possidebunt decima-
rum oblatione contenti: quas ī usus
eoꝝ et necessaria separaui. Locutusq;
est dominus ad moysen dicens. Preci-
pe leuitis atq; denuncia. Cū acceperitis
a filijs isrl' decimas quas dedi vobis:
primitias earum offerte dn̄o·id est de-
cimam partē decime: ut reputetur vo-
bis in oblationē primitiuoꝝ: tam de
areis q̄ꝫ de torcularibus et uniuersis
quoꝝ accipitis primicias offerte dn̄o·
et date ea aaron sacerdoti. Om̄ia que
offertis ex decimis·et in donaria do-
mini separabitis: optima ⁊ electa erūt.
Dicesq; ad eos. Si p̄clara et meliora
queq; obtuleritis ex decimis·reputabi-
tur vobis q̄si de area et torculari dede-
ritis p̄mitias: ⁊ comedetis eas ī omni-
bꝫ locis vr̄is·tam vos q̄ꝫ familie vr̄e:
q̄a preciū ē p ministerio quo servitis ī
tabernaclo testimonij: et nō peccabitis
super hoc·egregia vobis ⁊ pinguia re-
servātes: ne polluatis oblationes fili-
orum israhel·et moriamini. XIX
Locutusq; est dominꝰ ad moysen
et aaron dicens. Ista ē religio
victime quā constituit dn̄s. Precipe
filijs israhel·ut adducant ad te vaccā
rufam etatis integre in qua nulla sit
macula·nec portaverit iugū: tradetisq;
eam eleazaro sacerdoti. Qui eductam
extra castra immolabit in conspectu
omniū: ⁊ tinguēs digitum in sangui-
ne eius·asperget contra fores taberna-
culi septem vicibꝫ: combureto; eā cun-
ctis videntibꝫ: tam pelle ⁊ carnibus eiꝰ
q̄ꝫ sanguine et fimo flamme traditis.
Lignum quoq; cedrinum et ysopum
coccumq; bis tinctū sacerdos mittet ī
flammam·que vaccam vorat. Et tūc
demū lotis vestibꝫ ⁊ corpore suo·egre-
dietur in castra: commaculatusq; erit
usq; ad vesperam. Sed ⁊ ille qui com-
busserit eam lavabit vestimenta sua
et corpus·et immundus erit usq; ad
vesperam. Colliget autē vir mundus
cineres vacce·⁊ effundet eosˢ extra castra
in loco purissimo: ut sint multitudini
filioꝝ israhel in custodiam et in aquā
aspersionis: quia pro peccato vacca
combusta est. Cumq; laverit q̄ vacce
portaverat cineres vestimenta sua: im-
mundus erit usq; ad vesperum. Habe-
bunt hoc filij israhel et advene q̄ habi-
tant inter eos sanctū iure ppetuo. Qui
tetigerit cadaver hominis ⁊ ppter hoc se-
ptem diebꝫ fuerit immūdus·asperget̄
ex hac aqua die tercio ⁊ septimo: ⁊ sic
mundabitur. Si die tercio aspersus
non fuerit: septimo nō poterit emun-
dari. Om̄is qui tetigerit humane ani-
me morticinum·⁊ aspersus hac com-
mixtione nō fuerit·polluet tabernacu-
lum domini: ⁊ peribit ex israhel. Quia
aqua expiationis nō est aspersus im-
mundus erit: ⁊ manebit spurcicia eiꝰ
super eum. Ista est lex hominis q̄ mori-
tur in tabernaculo. Omnes q̄ ingredi-
untur tentoriū illius·⁊ universa vasa
que ibi sunt polluta erunt septem die-
bus. Vas quod nō habuerit operculū
nec ligaturam desuper·immundū erit.
Si quis in agro tetigerit cadaver occi-
si hominis·aut p se mortui·sive os illi-
us vel sepulcrū: immundꝰ erit septem
diebus. Tollent de cineribꝫ combustio-
nis atq; peccati·⁊ mittēt aquas vivas
super eos in vas: in quibus cū homo
mundus tinxerit ysopū·asperget ea

『グーテンベルク 42 行聖書』原葉(印刷博物館蔵)

2　十六世紀――出版の黄金時代

◉西ヨーロッパ出版都市の出現

グーテンベルク登場後五〇年ほどの間に、活版印刷はヨーロッパ各地へと驚くべきスピードで広まりました。インキュナブラ（揺籃期本《ようらんきぼん》）と呼ばれる初期印刷本が、写本に取って代わります。それまでの写本文化から、活字文化への大転換です。

一方、初期印刷本の時代から、文字とともに挿絵の入った本が登場しました。文字で埋め尽くされた本に、木版刷りの簡単な絵が入り始めたのです。活字と挿絵、二つの要素が本作りに加わることで、十六世紀以降、一気に出版、印刷業は発展していくことになります。出版の黄金時代の幕開けです。

ヨーロッパでは十六世紀に入ると、本のつくり方に変化が見え始めます。読みやすい本の生産が始まったのです。

現代は本のタイトルや著者名は、表紙や巻末にまとめられます。しかし、中世写本には表紙がありませんでした。題名、出版年、著者名など、本のプロフィールがわからないものも

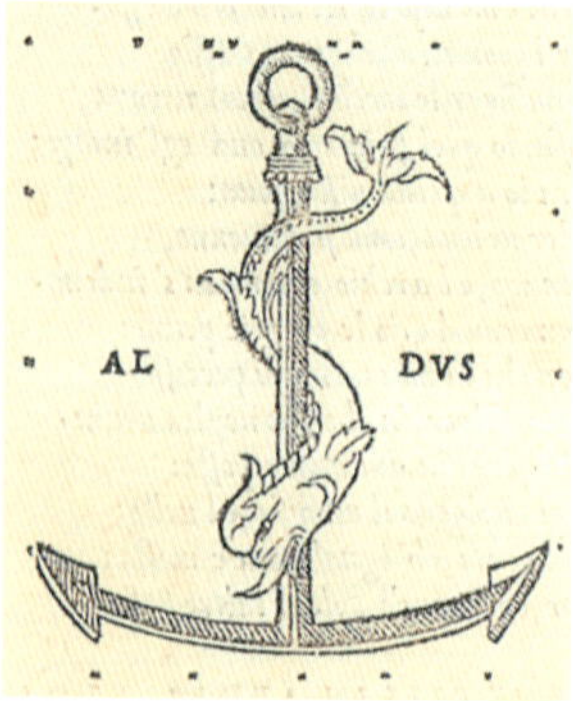

アルドゥス・マヌティウスが用いた，錨とイルカのプリンターズマーク

写本にはたくさんあります。同じように初期の印刷本も、半分くらいは詳しい情報がわからないものでした。

　そこで考え出されたのがタイトルページです。本の冒頭に必要な情報をまとめたページが出現しました。最初のテキストを汚れや破損から守るために考え出されたといわれます。タイトルページによって、読者は本を簡単に参照できるようになりました。

　本の一部分にプリンターズマーク(Printer's mark)と呼ばれるしるしがあります。印刷者が自分のマークを刷りこんだものです。現代では本の多くに出版社の名前が印刷されますが、プリンターズマークが印刷されていた時代は、印刷者が出版元も兼ねていたことがわかります。

　さらに本に欠かせないのが、ページ番号です。ページ番号は写本にはありませんでした。印刷本になって徐々に普及したもので、十六世紀後半にやっと一般的になりました。ページ

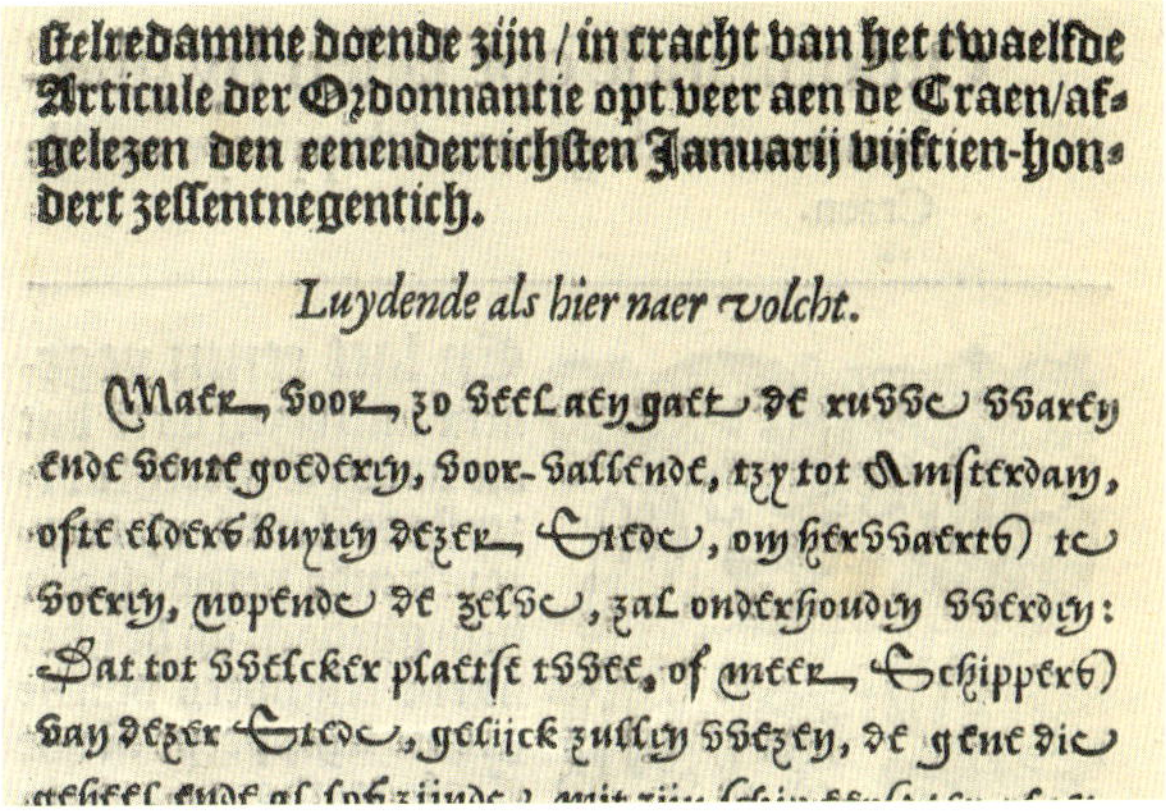
stelredamme doende zijn / in cracht van het twaelfde
Articule der Ordonnantie opt veer aen de Craen/af-
gelezen den eenendertichsten Januarij vijftien-hon-
dert zessentnegentich.

Luydende als hier naer volcht.

Maer, voor, zo veel angaet de vuyle waren ende vente goederen, voor-vallende, tzy tot Amsterdam, ofte elders buyten dezer Stede, om herwaerts te voeren, mopende de zelve, zal onderhouden werden: dat tot welcker plaetse twee, of meer Schippers van dezer Stede, geliick zullen wezen, de gene die

シヴィリテ体（『ORDINANTIE BY DIE』印刷博物館蔵）

番号のおかげで、読者は早く目的のページにたどり着くことができ、一方製作者は本を正しくつくりやすくなりました。

活字書体にも変化が見られます。本の内容や意味合いに応じて、使われる書体も区別されるようになりました。

例えば、一五三〇年代のフランスではイタリア生まれのローマン体やイタリック体活字が、すっかり定着し、物語調はローマン体、詩はイタリック体といった区別も生まれてきます。初期印刷本に見られた、ゴシック体とローマン体という対応関係は時代遅れのものとなり、十六世紀はローマン体とイタリック体へと世代交代します。またフランスで生まれたシヴィリテ体のように、他国生まれの書体に負けない、自分の国を強く意識した書体も登場します。

一五〇〇年を過ぎたあたりから、版画は本と同じ出版物として生産され、取引されていました。出版者は下絵師《したえし》に原画《げんが》制作を依頼し、彫り師や刷りの職人をかかえる工房に、版の製作と刷りを依頼します。

十五世紀以来、版画や本の挿絵は、アーティストによって独自の作品として製作されることもありましたが、多くは、情報伝達に貢献しました。歴史的事件、絵画や彫刻の複製、科学分野での挿絵など、版画は記録メディアとして役目を果たしていました。出版社や書店が版画の普及を手伝い、国境を超えて思想や学問が流通し、発展していきました。

●クリストフ・プランタン

こうした出版活動はヨーロッパ、とくにフランス、ネーデルラント、イギリス等の西ヨーロッパの各都市で盛んに行われます。十六世紀になると、各都市に有力な書籍商が出現し、本や版画という「知の商品」を大規模に、しかも国際的な規模で取り扱う時代が訪れることになります。

中でも十六世紀半ば以降、ベルギーのアントワープという当時有数の国際都市で、ヨーロ

プランタン印刷所で使われていた木製印刷機（複製，印刷博物館蔵）

ッパ出版文化は一挙に近代的な産業へと成熟します。その担い手こそ、クリストフ・プランタン(一五二〇頃―一五八九年)にほかなりません。

クリストフ・プランタンはトゥール近郊に生まれたとされるフランス人ですが、やがてアントワープに移住し、印刷産業人として大成功を収めました。グーテンベルクが自分の工房にとどまる一介のマイスター(親方)だったのに対し、プランタンは印刷工場を経営する本格的な企業家でした。

彼の工場は印刷物を生み出す機能にとどまらず、最先端の芸術や思想を語り合うインターナショナルな文化サロンでもありました。そこに集う思想家、芸術家、政治家などの力を借りながら、宗教書、人文主義関連書籍、科学書を多く出版しています。

ここで出版された本はヨーロッパから世界へ、そして江戸時代の日本にまで影響を及ぼすことになります。また、これらの書物を飾る挿絵も、当代きっての画家・版画家を起用したもので、プランタンや後継者モレトゥスが送り出した本の数々は、美術史の観点からもとても重要です。

プランタンの時代に、印刷は活字から図版、レイアウト、さらには印刷機に至るまでさまざまな改良が加えられました。書籍の体裁が急速に整えられ、近代的産業として、他に先駆けてマーケットが確立したのもちょうどこの時期です。

十五世紀に活字を使って印刷された本が、十六世紀、こうしてヨーロッパ各所で発展し洗練され、読者は以前よりも多くの本を、安い値段で手に入れる時代を迎えることになります。

3　美しい活字書体

◉文字と書体

それまでは手で写し書いていた書物を、グーテンベルクの活字印刷術によって、より多く、速く、そして美しく複製できるようになったことは、人類にとって大きな情報革命でした。また同時に、その時代における文字の形やスタイルが、活字をつくり印刷することにも影響を与えるようになったのです。

みなさんも毎日読んだり見たりしている文字。同じ文字でも、「あ」と「**あ**」や「A」と「*A*」のように、太かったり細かったり斜めになっていたりと、さまざまなスタイルがあります。この独自のスタイルのことを書体《しょたい》といいます。

本来の意味とは少々違った使い方をしていますが、パソコンの文書作成アプリなどでフォ*

ントと呼ばれているのがこの書体のことです。例えば、この本の文章は明朝《みんちょう》体という書体の文字で印刷されています。そして、小見出しなどところどころ太い文字があるのは、ゴシック体という違う書体の文字で印刷されているのです。

日本語にはその他に、教科書体、楷書《かいしょ》体などいろいろな書体があって、その書物に合った書体が使われています。もちろん、文字種が少ない英文には、日本で使われている書体の何倍もの数の書体がつくられています。

*従来の活字で使われるフォントは「ひと揃え」という意味。つまりAからZまでの欧文活字のセットのことです。

●活字書体の誕生

グーテンベルクがつくった活字の書体は、当時ドイツ地方を含む北ヨーロッパで写本などに盛んに用いられていたゴシック*という書体です。文字の縦横の線の太さが極端に違い、文字幅も狭く角張ったこの文字は、全体に黒々としてがっしりとした印象を受けます。このゴシックは、十二世紀から十三世紀にかけて生まれた書体で、当時の手書きの聖書に多く用いられていました。

手書きで作成された聖書の写本(『ラテン語聖書』1250年頃，パリ)

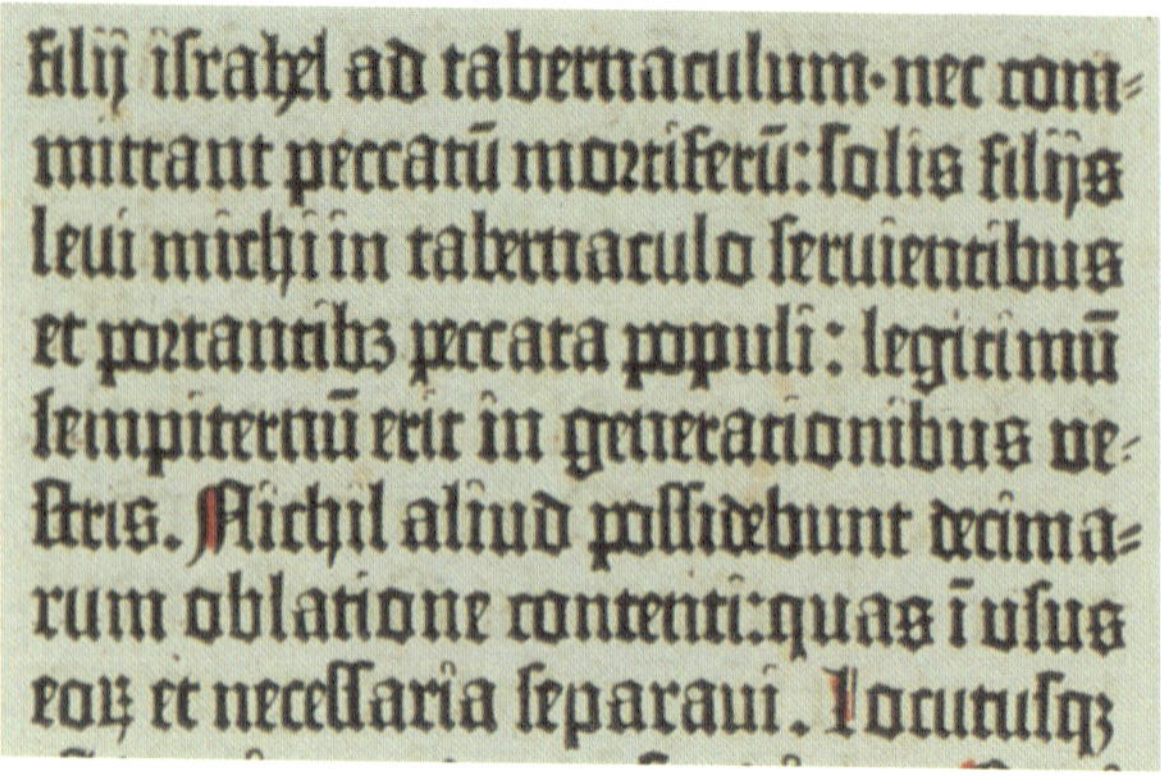
filij israhel ad tabernaculum· nec com-
mittant peccatū mortiferū: solis filijs
levi michi in tabernaculo servientibus
et portantibꝫ peccata populi: legitimū
sempiternū erit in generationibus ve-
stris. Nichil aliud possidebunt decima-
rum oblatione contenti: quas ī usus
eorꝫ et necessaria separavi. Locutusqꝫ

『グーテンベルク 42 行聖書』原葉(印刷博物館蔵)

グーテンベルクが聖書を印刷するための活字をつくるとき、フランスで作成された写本の書体をもとに、その書体を作成したといわれています。あくまでも写本と同じように再現された書物を印刷することで、活版印刷という新しいメディアを人々に違和感なく受け容れてもらうよう工夫がされていたようです。北ヨーロッパ地方は日照時間も短く、教会など建物の中で文字を読む際には、このゴシックのような黒々とした文字が威力を発揮しました。

グーテンベルクが発明した活版印刷術は、画期的な技術だったので、またたく間にヨーロッパ中に広まっていきました。マインツやストラスブールといったドイツの都市の印刷工房で修業をした職人たちは、ニュルンベルク、ケルン、バーゼル、そしてリヨンへと印刷を伝えていきました。さらにはアルプ

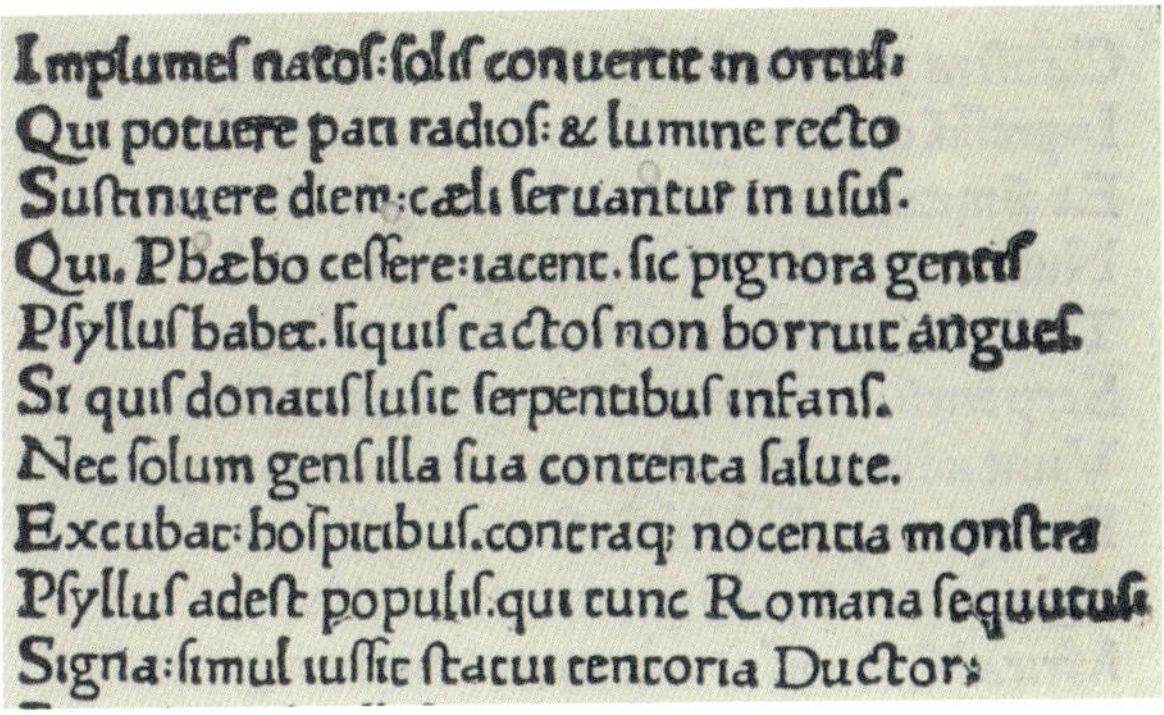
Implumeſ natoſ: ſoliſ conuertit in ortuſ.
Qui potuere pati radioſ: & lumine recto
Suſtinuere diem: cæli ſeruantur in uſuſ.
Qui. Phæbo ceſſere: iacent. ſic pignora gentiſ
Pſylluſ habet. ſiquiſ tactoſ non horruit angueſ.
Si quiſ donatiſ luſit ſerpentibuſ infanſ.
Nec ſolum genſ illa ſua contenta ſalute.
Excubat: hoſpitibuſ. contraq; nocentia monſtra
Pſylluſ adeſt populiſ. qui tunc Romana ſequutuſ
Signa: ſimul iuſſit ſtatui tentoria Ductor:

パナルツとスウェンハイムによる印刷物（ヘーブラー編『インキュナブラ原葉集』印刷博物館蔵）

スを越えて、イタリアに印刷所を開設しました。

イタリアのローマ郊外にスビアコという町があります。ここの修道院で活版印刷を始めたのは一四六五年のことで、ドイツ人のアーノルド・パナルツとコンラッド・スウェンハイムという二人によるものでした。

彼らが印刷するために用いた活字は、これまでのような黒々としたゴシック体とは違って、角張りが取れてペンで書いたようななめらかな線で表された書体でした。ローマン体活字の原型の誕生です。アルプスを越えてイタリアに伝わった活版印刷術は、その地の文化の影響を受けて文字のスタイルを大きく変えてしまったのです。

＊日本で呼ばれているゴシック体とは違うものです。日本語のゴシック体は英文の書体の分類では、サン

セリフ体（ヒゲ飾りがない字体）と呼ばれるもので、日本に入ってきたサンセリフ体の書体名に「ゴシック」と付いていたため、このように呼ばれるようになったといわれています。

●ルネサンスが変えた書体

活版印刷術がイタリアに伝わった頃にもっとも栄えていた都市は、当時最大の商業都市であったヴェネチアです。この地で印刷を行って一躍有名になった人物が、ニコラ・ジェンソンというフランス人でした。

ジェンソンは、ヴェネチアで初めて印刷所を開設したヨハネス・ダ・スピラという印刷人の工房に入り活版印刷術を身につけて、その後独自に印刷所を開設しました。ジェンソンはパナルツとスウェンハイムが写本に書かれたヒューマニスト書体を参考にしてつくったローマン体の原形を、洗練された印刷活字として完成させました。

ヒューマニスト書体とは、当時のルネサンスを推し進めていたイタリアの人文主義者が、黒々としたゴシック体を嫌い、それに代わる文字として好んで使用していた書体です。小文字は、カール大帝がフランク王国を統一した後の八―九世紀につくられたカロリング小文字書体をもとに、大文字はローマで使われていた大文字をモデルにしたヒューマニスト・スク

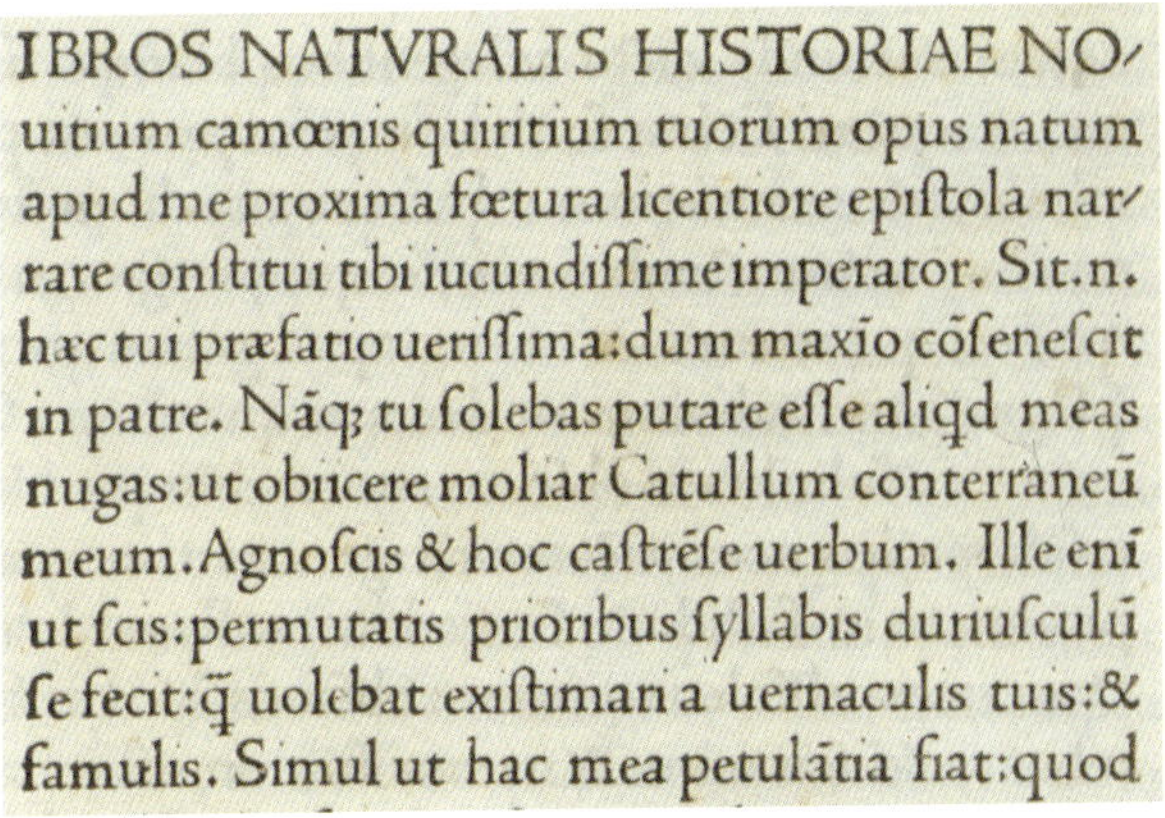
IBROS NATVRALIS HISTORIAE NO/
uitium camœnis quiritium tuorum opus natum
apud me proxima fœtura licentiore epiſtola nar/
rare conſtitui tibi iucundiſſime imperator. Sit.n.
hæc tui præfatio ueriſſima: dum maxīo cōſeneſcit
in patre. Nāq; tu ſolebas putare eſſe aliqd meas
nugas: ut obiicere moliar Catullum conterrāneū
meum. Agnoſcis & hoc caſtrēſe uerbum. Ille enī
ut ſcis: permutatis prioribus ſyllabis duriuſculū
ſe fecit: q̄ uolebat exiſtimari a uernaculis tuis: &
famulis. Simul ut hac mea petulātia fiat: quod

ジェンソンが印刷したローマン体による『博物誌』(印刷博物館蔵)

エア・キャピタルを由来としています。

続いてこのヴェネチアに登場した印刷人が、アルドゥス・マヌティウスという人です。マヌティウスも自ら印刷所を開設し、ジェンソンがつくり出したローマン体をさらに美しくデザインして多くのローマン体をつくりました。また彼の功績として特筆すべきことは、斜めの文字であるイタリック体をつくったことです。

この書体は当時の法王庁書記官の非公式速記《そっき》草書体《そうしょたい》がもとになってできました。イタリック活字を使うと、これまでの普通の文字を並べるよりもずっと少ない面積で、多くの文字が印刷できるので、書物の大きさを小さくすることができます。当時、文庫本と同じような小さなサイズの書物が誕生したのはイタリック体のおか

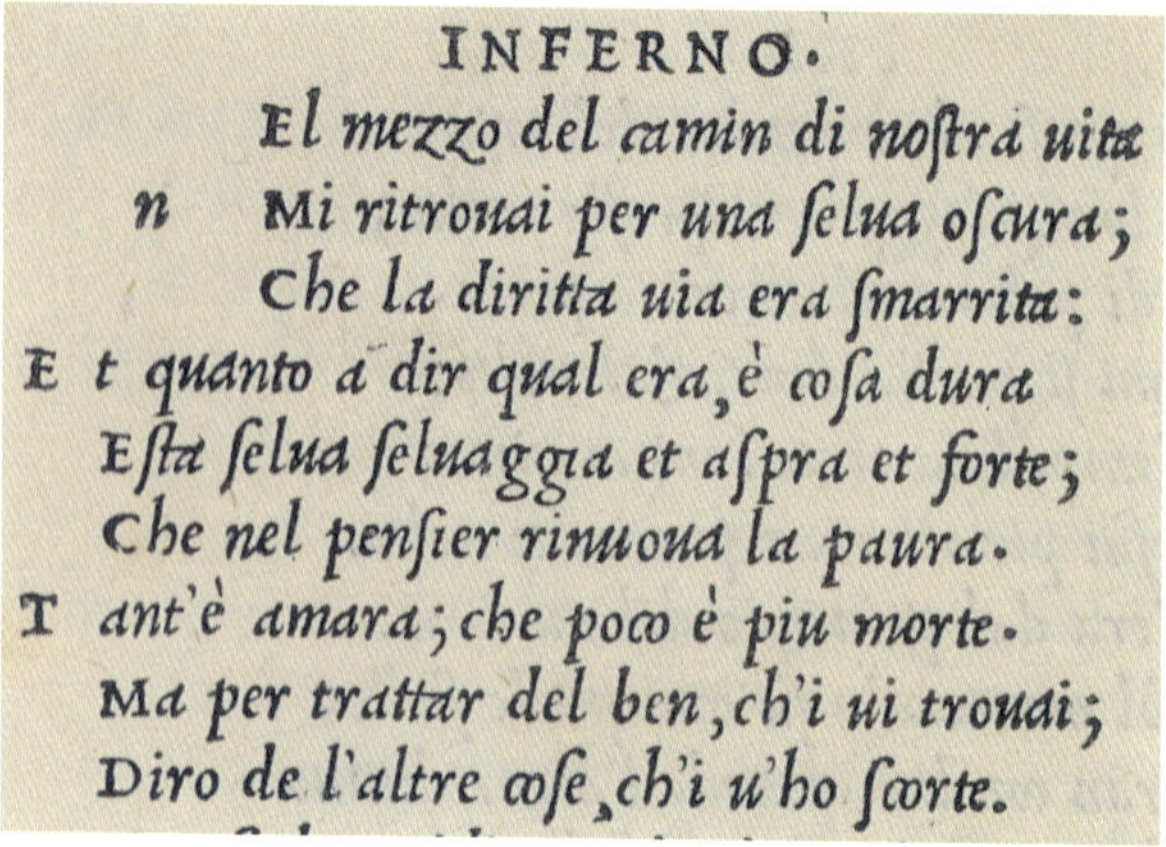
INFERNO.
El mezzo del camin di noſtra uita
n Mi ritrouai per una ſelua oſcura;
Che la diritta uia era ſmarrita:
E t quanto a dir qual era, è coſa dura
Eſta ſelua ſeluaggia et aſpra et forte;
Che nel penſier rinuoua la paura.
T ant'è amara; che poco è piu morte.
Ma per trattar del ben, ch'i ui trouai;
Diro de l'altre coſe, ch'i u'ho ſcorte.

マヌティウスが印刷したイタリック体の『神曲』(印刷博物館蔵)

げです。

ここヴェネチアでつくられた書体はとくにヴェネチアン・ローマン体と呼ばれ、その後に生まれてくるさまざまなローマン体の源流となりました。

グーテンベルクのゴシック体からローマン体そしてイタリック体と、活字がつくられた場所や時代によってさまざまな書体が生まれてきました。もちろん活字を鋳造したり、印刷機の改良があったりと、技術の向上があって初めてできることです。今日私たちが使っている英文の書体は、この時にできたローマン体がもとになっています。読みやすく美しい文字で印刷したい。その願いは、印刷術が世に生まれてから今日まで続く大きなテーマなのです。

4　グーテンベルクの発明が動かした社会

◉宗教改革

十五世紀中頃に、グーテンベルクによって発明された鉛《なまり》鋳造《ちゅうぞう》活字と印刷機を組み合わせた活版印刷術は、文書を正確に複製し幅広く伝える機能により、社会を動かすコミュニケーション手段として、多くの人々に利用されました。その代表的な人物として挙げられるのが、宗教改革者として知られるドイツのマルティン・ルターです。

当時世俗化し、堕落していた教会に対して怒りを抱いていたルターは、一五一七年、教皇レオ十世がドイツで販売を認めた免罪符を批判する「九十五ヶ条の提題」を公表し、抗議に出ます。このルターがとった行動は、大きな衝撃を与えることとなりますが、その後「九十五ヶ条の提題」は活版印刷術により印刷され、ルターの提題は急速かつ広く民衆へと伝わり、後にヨーロッパ各国へと広がる宗教改革に火を付けたのです。印刷メディアが、武器となったのです。

また、「九十五ヶ条の提題」とならび、ルターが宗教改革に印刷の力を利用したものとして、『ドイツ語訳聖書』が挙げられます。信仰の対象を教会や教皇に求めるのではなく、聖書を読み、理解し、それに従うことこそが真の信仰であるとしたルターは、限られた人々のみが用いたラテン語で書かれた聖書を、自国語であるドイツ語に翻訳するとともに、活版印刷によって印刷しました。

この『ドイツ語訳聖書』により、多くの人が聖書を通して神の言葉を知り、理解することが可能になりました。その結果、それまで聖書の解釈を独占していた教会の権威を大きく揺るがすこととなり、教会が支配していた中世ヨーロッパの社会を動かすきっかけをつくりました。

このように、ルターが着目し、利用した印刷は、ヨーロッパにおける信仰の形を変えるほどの力を持っていたのです。

●ダーウィンの進化論

ルターによる宗教改革から三〇〇年以上経た時代、イギリスで印刷、出版された一冊の本が、社会に大きな影響をもたらすこととなりました。イギリスの生物学者チャールズ・ダー

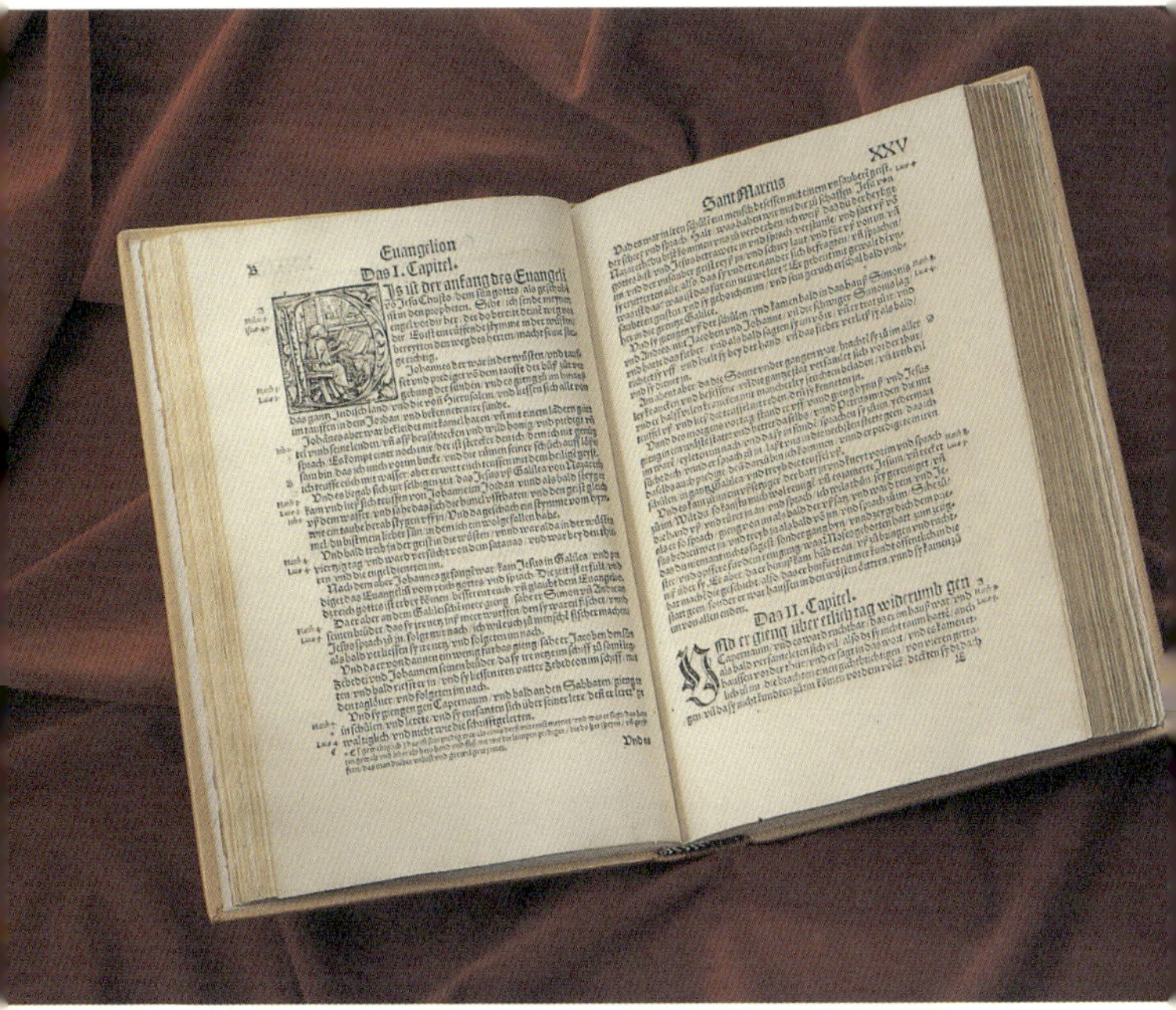

ルター訳『ドイツ語訳聖書』(印刷博物館蔵)

ウィンが著した『種《しゅ》の起源』です。

この本は、ダーウィンが長期にわたる観察と思索により、生物進化の変遷を科学的に実証し、「変異」、「遺伝」、「生物闘争」という三つの原理によって、生物が進化しているという理論を発表したものです。同書の出版は、これまでキリスト教が唱えていた「生物は神が創造し、種は普遍である」という考え方を否定することとなり、大きな波紋を呼びました。

一八五九年にロンドンにおいて初版が一二五〇部印刷され、発売されましたが、すぐに売り切れ、ダーウィンの生前に第六版まで刊行され、一万六〇〇〇部が売られました。その後イギリスだけでなく、アメリカ合衆国においても刊行され、ここでも大きな反響を呼ぶこととなりました。

こうして印刷によって多くの人に読まれ、伝わることとなったダーウィンの説は、中世社会の概念を破壊し、近代科学の扉を開く一方、社会思想にも大きな影響を与え、その後の世界情勢を運命づける遠因ともなりました。

それは、適者生存と自然淘汰《とうた》という二つの原理に基づき打ち出したダーウィンの生物進化論が、弱い国は強い国に支配されても仕方がないという、欧米列強の帝国主義思想を加速させることとなり、帝国主義の時代が築かれていくことに表れています。

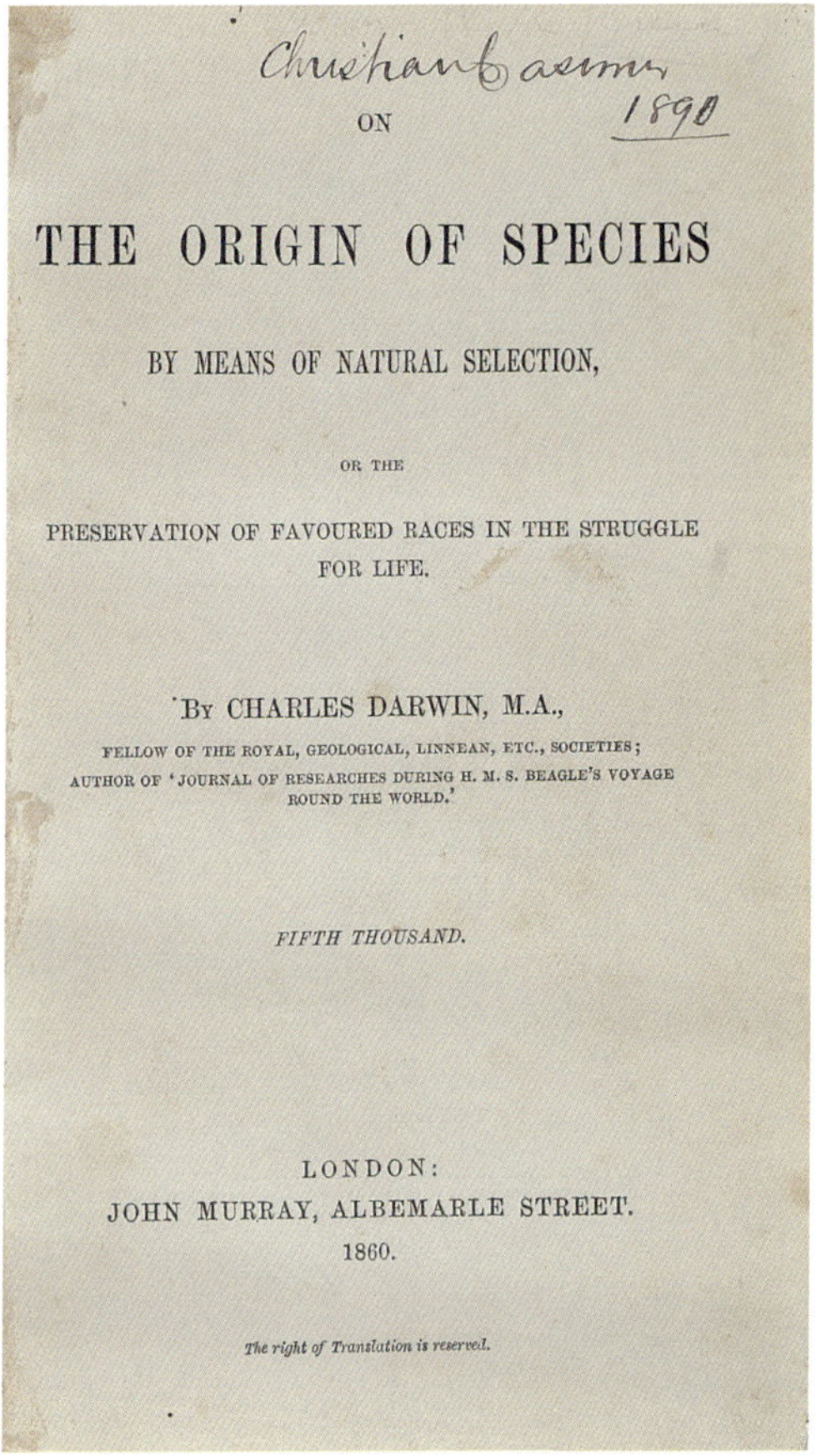

ON

THE ORIGIN OF SPECIES

BY MEANS OF NATURAL SELECTION,

OR THE

PRESERVATION OF FAVOURED RACES IN THE STRUGGLE FOR LIFE.

BY CHARLES DARWIN, M.A.,

FELLOW OF THE ROYAL, GEOLOGICAL, LINNEAN, ETC., SOCIETIES;
AUTHOR OF 'JOURNAL OF RESEARCHES DURING H. M. S. BEAGLE'S VOYAGE ROUND THE WORLD.'

FIFTH THOUSAND.

LONDON:
JOHN MURRAY, ALBEMARLE STREET.
1860.

The right of Translation is reserved.

ダーウィン『種の起源』(印刷博物館蔵)

活版印刷術の発明は、伝えたいことを大量に複製化することで、速く、多くの人に伝えることを可能にしました。その機能が大きな力として活用されることで、社会を、そして時代をも変えていくこととなったのです。

5 図版が伝えるリアルな情報

約二万年前、クロマニョン人が描いたとされるラスコーの洞窟壁画《どうくつへきが》。南フランスにあるこの壁画には、牛や馬、鹿が描かれています。赤や青の顔料を使って躍動感豊かに表現され、時空間を超えて遥か昔に南ヨーロッパに生息していた動物たちが、眼前に蘇ってくるようです。太古に始まるビジュアル・コミュニケーションは、こうして絵を描くことから始まりました。

みなさんが読む書籍や雑誌には、絵が描かれたものがたくさんあります。かわいいイラストや美しい写真はいつも私たちの目を楽しませてくれます。本に載っている絵のことを「挿絵」とか「図版《ずはん》」と呼びますが、もしそのような絵が本からなくなったらどうなるでしょう。本が文字ばかりだったら、困ることがたくさんでてきます。

たとえば、文字を読めないと本の内容がサッパリわかりません。外国語で書かれた本は言葉の勉強をしてからでないと話の糸口さえつかめません。私たちは想像以上に、文字を読まなくても絵や写真を通して本の内容をつかんでいるのです。

また、図版によってはじめて知るものもたくさんあります。例えば、レオナルド・ダ・ヴィンチの「モナリザ」やパブロ・ピカソの「ゲルニカ」をほとんどの人は画集や教科書に掲載されている写真でしか知らないはずです。ラスコーの壁画も、いまは一般公開されていないので、ホンモノを見ることはできません。

世の中には他にも同じように、図版を通してしか知る手がかりがないものはたくさんあります。図版は、本を読む私たちにたくさんの恩恵を与えてくれるのです。

●「近代科学成立」の影の功労者

顕微鏡と望遠鏡は、近代科学の礎《いしずえ》を築いた道具です。

肉眼では見えないミクロの世界をのぞくために考案された顕微鏡と、航海技術とともに発展した天文観測に画期的な役割を果たした望遠鏡は両者とも、十六世紀から十七世紀に実用化した道具です。

想像してみてください。この二つの道具を使って見た光景を、あなたならどうやってたくさんの人に伝えますか。現代なら写真撮影後に画像ファイル化し、インターネット上のホームページやスマートフォン経由で人に伝えるかもしれません。そのような手段を持たなかった四〇〇年前の人たちは、精巧な図版印刷技術を使って、自分が見た真実を正確に伝えようとしました。

一五九〇年頃オランダのヤンセン親子が発明したとされる顕微鏡ですが、十七世紀にイギリスの科学者ロバート・フックがさらに改良を加え、凸《とつ》レンズ二枚を組み合わせた顕微鏡を考え出します。設計上、一五〇倍近い倍率があるといわれています。

フックはこの顕微鏡を利用して観察した結果を、一六六五年『ミクログラフィア』という一冊の本にまとめ、出版しました。初版には一一八枚の図版が記載され、見たことも感じたこともなかったミクロの世界が、精緻《せいち》な図版によって表現されていることに、当時の人々は驚嘆しました。写真が誕生する十九世紀まで約二〇〇年間、それらの図版は作者不詳のまま繰り返し色々な印刷物に流用されました。フックが描いた図版の影響力の大きさが伝わってきます。

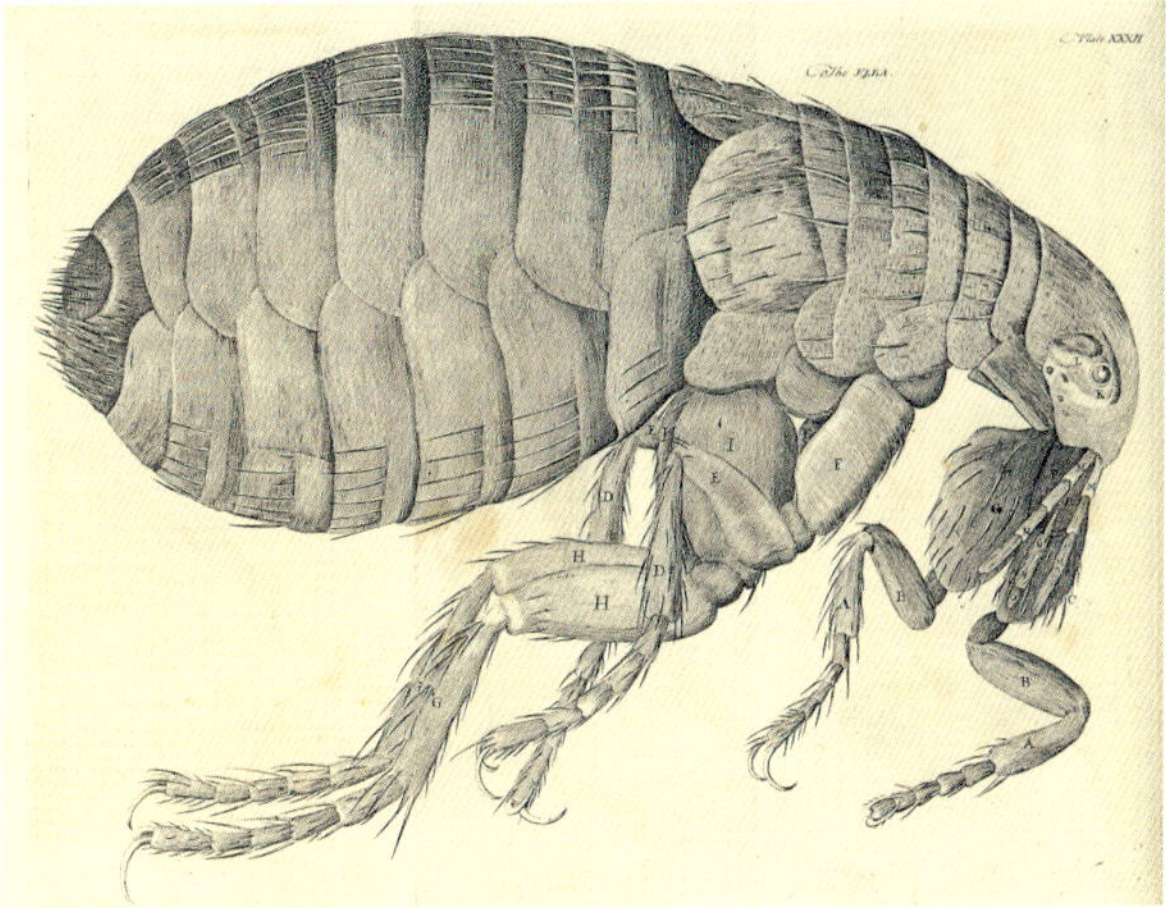

ノミの拡大図(フック『ミクログラフィア』印刷博物館蔵)

一方、「それでも地球は動いている」という言葉で有名なガリレオ・ガリレイは、オランダ人が考え出した望遠鏡を、伝聞だけで理論的につくり出してしまいます。一六一〇年にイタリアで刊行された『星界《せいかい》の報告』は、ガリレイが自作望遠鏡を使って観察した結果をまとめた本ですが、月の拡大図をはじめて図版化したことで評判を呼びました。望遠鏡という肉眼を超える「視覚」を得たことで、ガリレイは月について詳しく知ることができました。

月は従来考えられていたような滑らかな球体ではなく、起伏に富んだデコボコのある、地上でいえば山脈や深い谷によって刻まれた地面となんら変わりのないことをガリレイは発見します。根気強い観察と地上の光景との対比から、月はもう一つの地球である、とガリレイは考えるようになります。これがコペルニクスの地動説《ちどうせつ》容認へと発展していくことになるのです。

●「知」の宝庫

近代科学はこうした図版の力を借りて成立していきますが、科学ばかりでなく、人類の「知」そのものを図版にしてしまった、驚くべき本があります。十八世紀にフランスで生まれた『百科全書』です。正式には『百科全書、あるいは科学と学芸と技術に関する大事典』といい、特定分野に偏らず、世界中からありとあらゆる素材を集めまとめ上げた、十八世紀ヨーロッパを代表する記念碑的刊行物でした。

思想家ディドロと数学者ダランベールが共同編集し、二折判《ふたつおりばん》(およそ縦四〇五ミリ、横二六〇ミリ)、本巻一七冊(うち補巻四冊)、図版集一二冊(うち補巻一冊)、索引二冊、計三五冊で構成されています。ディドロら編纂《へんさん》に関わった十八世紀フランスの啓蒙《けいもう》主義者たちは、「百科全書派」と呼ばれます。

一七五一年に刊行が始まり、完成まで二九年間(一七五一―一七八〇年)、二〇〇人を超す

ENCYCLOPEDIE,
DICTIONNAIRE RAISONNE
DES SCIENCES,
DES ARTS ET DES METIERS,
TOME PREMIER
A PARIS,

『百科全書』(印刷博物館蔵)

ともいわれる執筆者が携わっています。購読者はヨーロッパ中に当初一〇〇〇人、後に増えて四〇〇〇人にまで達しました。

『百科全書』において特筆すべきものが、全一二巻におよぶ大判図版集です。本文に収録されたあらゆる項目が、銅版《どうばん》印刷による正確な図によって描かれています。刊行後二七〇年以上経った現代の私たちが見ても、当時の建物や道具を実際に再現できるほどの正確さを各図版は持っています。優秀な彫版師や印刷工を集めて、これだけのボリュームと質の図版を完成させることができた、当時の印刷技術の恩恵は見逃せません。

自分たちの身のまわりの物事に人々の関心を向けさせた『百科全書』。これは宗教や権威などの古い価値観を打ち破り、合理的かつ自由に物事を考えていこうとする十八世紀ヨーロッパの人々が求めていた事典であり、図版印刷を最大限に利用してできた珠玉《しゅぎょく》の本でした。

●蘭学交流

心臓はからだのどちら側にあるでしょう?

「失礼な質問をするな」と怒られそうですが、実は江戸時代まで日本人には、心臓を含む正確なからだの情報がありませんでした。当時の人々は、漢方を重んじ、ホンモノのからだの構造とはかけはなれたことを信じていたのです。

江戸時代、オランダ船が運んできた一冊の洋書が、こうした日本人の身体観を大きく変えます。オランダで活躍したドイツ人医師、ヨハン・アダム・クルムスが著した『ターヘルアナトミア』(蘭語訳)です。

『ターヘルアナトミア』はヨーロッパでは医学を志す学生たちに読まれていた、いわば解《かい》剖《ぼう》学入門書でしたが、日本では近代西洋医学を広く知らしめる重要な役割を果たしました。挿図として銅版画による図版が、全部で二六枚(扉絵含む)入っています。

クルムス像(印刷博物館蔵)

銅版画は十五世紀後半ルネサンス期に発明された印刷技術で、細かな線や点によって具体的でリアルな表現が可能です。ドイツやイタリアの芸術家たちが、金属加工技術をヒントに使い始めた印刷技法だといわれています。『ターヘルアナトミア』内の銅版画による精密な解剖図が、まさに日本人の前に人体の秘密を顕《あら》わにすることになります。
『解体新書』はこの本の訳書です。杉田玄白《げんぱく》や前野

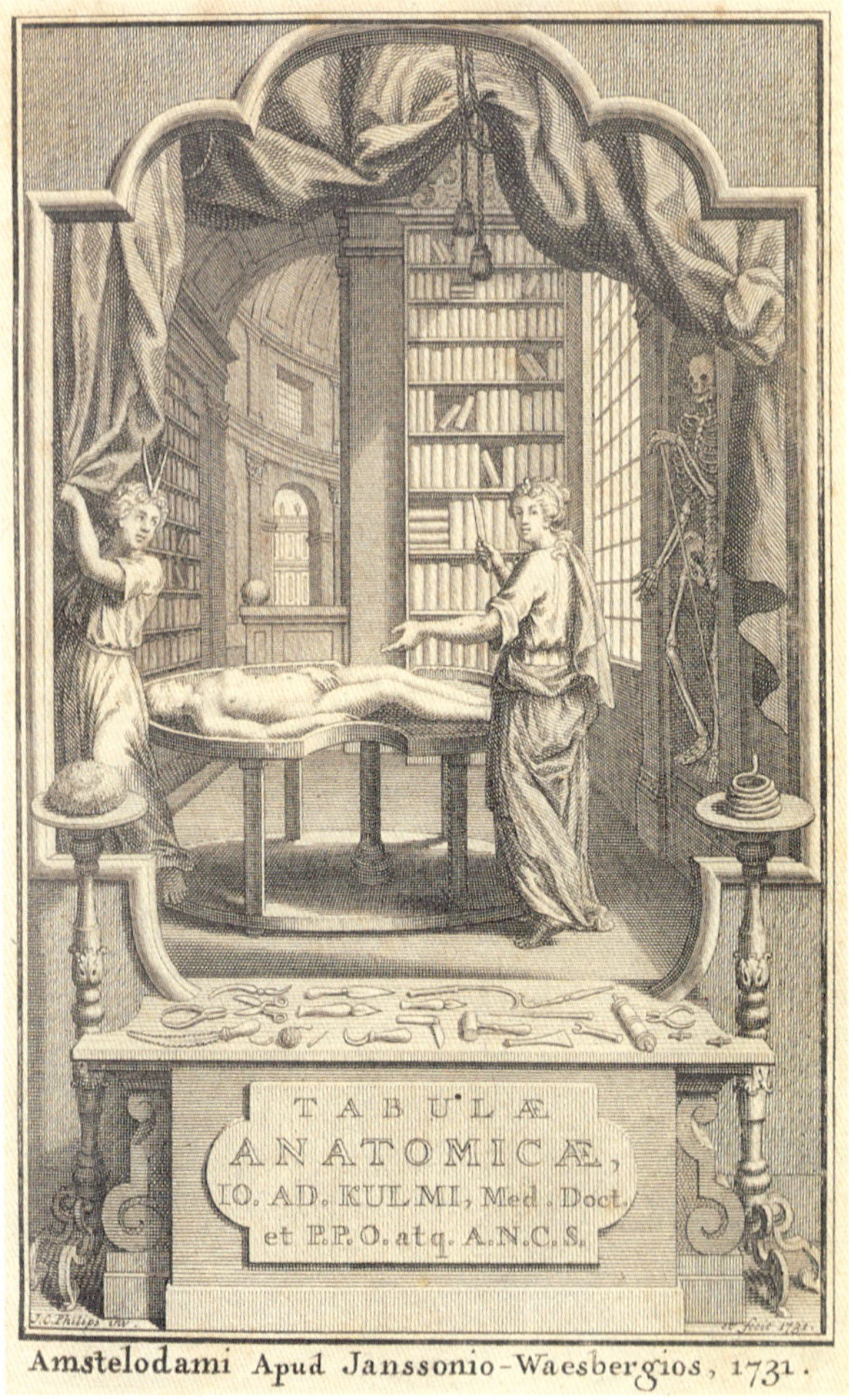

『ターヘルアナトミア』扉絵(印刷博物館蔵)

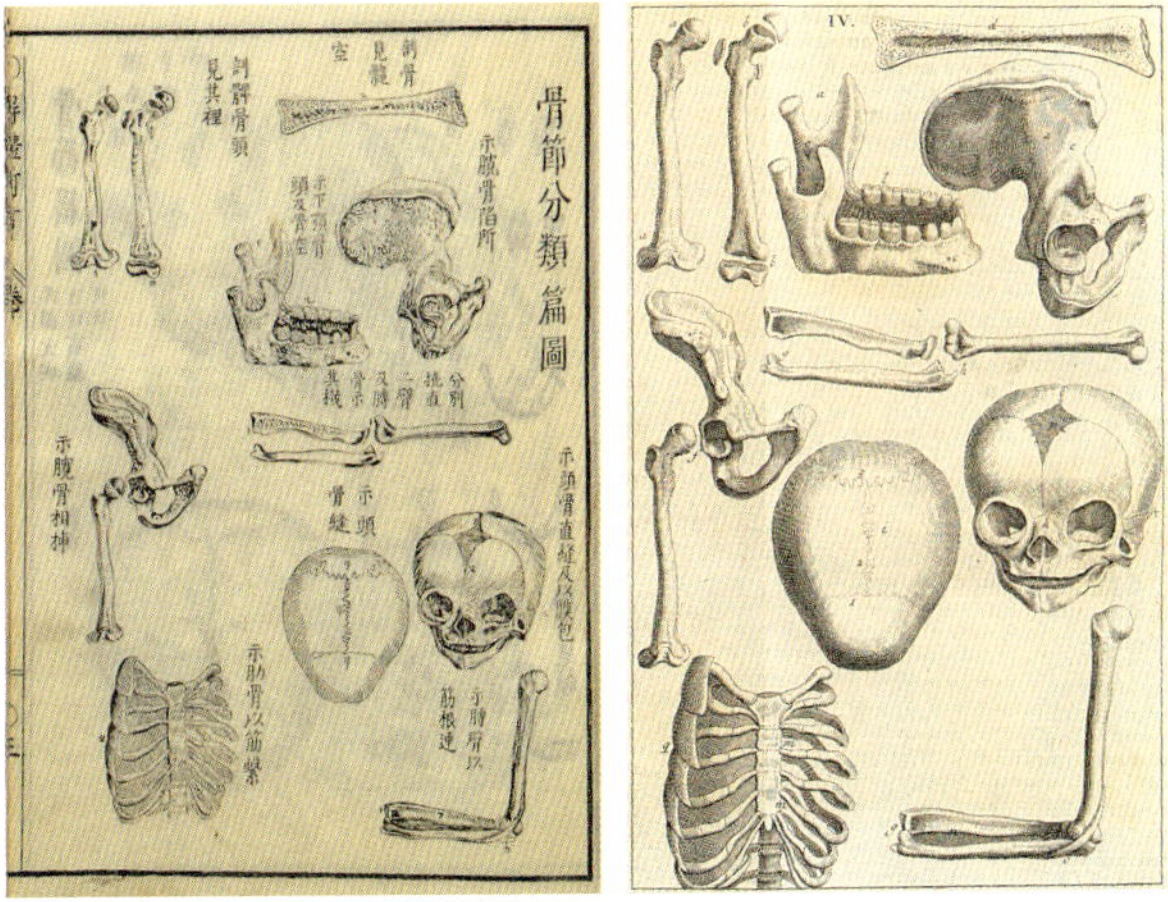

（左）骨節分類篇図『解体新書』，（右）『ターヘルアナトミア』

良沢《りょうたく》らが著したことで有名な解剖書です。安永三(一七七四)年に刊行され、図版集一冊、テキスト四冊の合計五冊から成る本です。

現実を直視しない当時の医学に疑問を抱いていた著者(訳者)杉田玄白らは、ヒトのからだを、実際に自分たちの目で確かめたいと熱望していました。しかし、当時ヒトを解剖するのは幕府から禁じられ、死刑になった罪人の「検屍《けんし》(腑分《ふわ》け)」だけがそれに近いものでした。

幕府に懇願し、刑場で初めてヒトのからだの中身を見た玄白らは、書いてある言葉はわからないながらも、手元にある『ターヘルアナトミア』の図版が実物にそっくりであることに大変なショックを受けました。この体験をもとに玄白らは、詳しい図版入りの『解体新書』を刊行することで、多くの人々に人体内のリアルな姿を、「一目瞭然」で伝えることに挑戦したのです。ただ実際は、玄白たちは解剖をしていません。『解体新書』は『ターヘルアナトミア』本文と図版を訳した〈訳書〉であり、医学に関する情報が本文以上に詰まっている注釈は省かれています。

さらに『ターヘルアナトミア』の図版を見ながら、翻訳していく過程で生まれたのが「神経」「盲腸」「軟骨」といった、今では誰もが知っている言葉です。このように玄白らは、図版を通して新しい概念を生み出し、その概念をまた図版を通して人々に伝えていったのです。当時の日本人は文字は読めなくても、図版を通して海外からたくさんの情報を得ていたのです。

前ページの写真のように『解体新書』は、『ターヘルアナトミア』からの図版を木版でありながら忠実に再現しています。

『ターヘルアナトミア』が、当時の日本の医学界に与えた影響は目を見張るものがあり、『解体新書』以降、宇田川榛斎《しんさい》『医範提綱《いはんていこう》』(一八〇五年、一八〇八年)、大槻玄沢《おおつきげんたく》『重訂解体新書』(一八二六年)などで繰り返し参照され、版を重ねていきました。クルムスの原書が持つリアリティを追求するために、こういった後版《あとはん》では、図版はすべて銅版画で印刷されてい

『解体新書』扉絵(印刷博物館蔵)

ます。
ちなみに写真にある『解体新書』の有名な扉絵は、『ターヘルアナトミア』とは違う本からの引用です。

6　図版印刷を生み出す表現技術

同じ人物を描いた二枚の印刷物がありますが、印刷された図版に大きな違いがあります。右側は人物像の輪郭が描かれているだけで、濃淡の変化は表現されていません。それに対し左側の絵は、濃淡が繊細に表現され、人物の顔がリアルに再現されています。こうした「濃い、薄い」の表現を印刷ではグラデーション、または「階調《かいちょう》」「調子」などと呼びます。図版をリアルに再現するのに欠かせない工夫、それがグラデーションなのです。

ルーペで拡大すると、無数の点が集まってイメージができているのがわかります。このように印刷では、版を形づくる最小単位として多くの場合「点」や「線」が使われます。

「点」の場合、その大きさ、間隔を変えることで紙に付くインキの量を調節し、濃淡を再現します。また、「線」の場合には、平行線や交差線の間隔の広さや狭さにより濃淡を調節

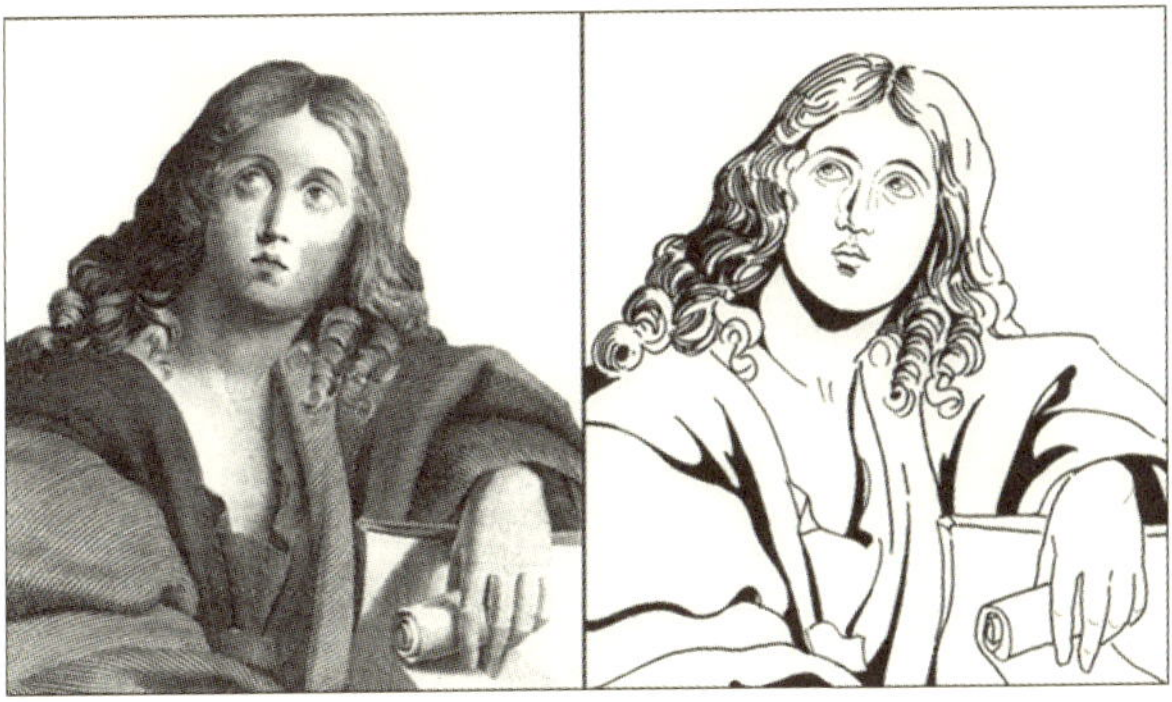

します。こうした点や線などの使い方、表現の仕方の変遷そのものが図版印刷のさまざまな技法であり、歴史でもあるのです。ここでは銅版印刷、平版《へいはん》印刷、それぞれの主な技法について、ご紹介します。

●銅版印刷（凹版《おうはん》印刷）

エングレーヴィング＝ビュランと呼ばれる彫刻刀で直接版を彫り、溝にインキをつめて印刷する方法です。版材には多少厚めの銅板を用意し、髪の毛くらいの細い線からあらゆる太さの曲線を彫刻しなければなりません。他の技法と比べて、技術の習得に時間が必要です。安定感のあるシャープな印象のグラデーション表現ができます。

ドライポイント＝版を直《じか》に彫るという点ではエングレーヴィングと似ていますが、彫刻刀ではなく、針を使って描《びょう》画《が》する点、版を彫ったときに出る「バール」という削りカ

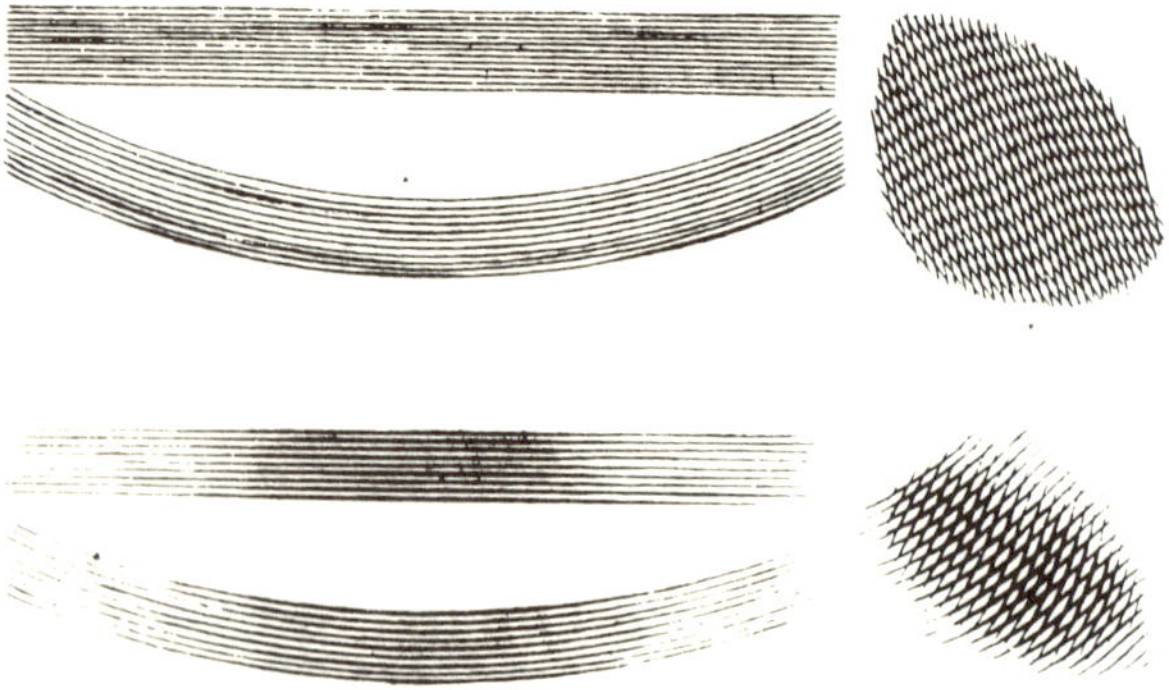

（上）エッチングの線，（下）エングレーヴィング（A. ボス『銅版画術』印刷博物館蔵）

スを残したまま印刷する点が違います。バールに残ったインキがにじみとなって紙につくので、柔らかな印象の点や線となります。

エッチング＝後工程で腐食《ふしょく》させるので、あらかじめ使用する銅板の表面を腐食止めしておきます。その後ニードルと呼ばれる針を使って描画するわけですが、描画した部分は腐食止めも同時に削れてしまうので腐食液に漬けた際、液が浸透します。液に触れた箇所は深く、幅広くなっていきます。腐食液に漬ける時間や腐食液の種類などによって版の表情が変わってきます。メゾチント、アクアチントも、エッチングと同じ腐食銅版です。

●リトグラフ（平版《へいはん》印刷）

他の版式と違い、版材を彫ったり、腐食させたり、

銅版印刷の様子(A. ボス『銅版画術』印刷博物館蔵)

切ったりすることがない、というのが最大の特徴です。筆やクレヨンを使って紙にイメージを描くように、自由に、かつ細かい濃淡まできれいに、版の上に描くことができる、ということです。

リトグラフでは、もともと版材に、特殊な石(石灰石)を利用していたため「石版印刷《せきばん》」とも呼ばれます。しかし、石灰石は高価で入手が困難なため現在では、表面を加工したアルミ版を用いることが多くなっています。リトグラフは現代の主要印刷技法である「オフセット印刷」の源流となるもので、芸術性の高い版画から新聞チラシまで、実に幅広い表現性を持ち合わせます。また写真をうまく取り込んでしまう柔軟性も備えています。

発明者であるアロイス・ゼネフェルダー(一七七一―一八三四年)自身が、この印刷術についてまとめたものが『石版印刷術・図版集』で、印刷博物館ではドイツ語版、英語版の二種類を所有しています。一八一八年刊行のドイツ語版(ミュンヘン刊)には全一九枚の図版が、一八一九年刊行の英語版(ロンドン刊)には全一四枚の図版が含まれています。

それらの図版は石版印刷を用いて印刷された、いわば「製品見本」のようなもので、水彩画や油彩、デッサンなどの各種タッチを再現しています。多色《たしょく》石版印刷によるカラー図版も二点含まれ、発明者自身の肖像画も紹介されています。いずれの版にも石版印刷の工程・原

ゼネフェルダー『石版印刷術・図版集』(印刷博物館蔵)

ゼネフェルダー像（『石版印刷術・図版集』印刷博物館蔵）

理を細かく解説したテキストが付いています。

石版印刷術は印刷・製版技術史のなかで創始者の名前が知られている唯一の例で、『石版印刷術・図版集』はゼネフェルダー本人の手による実例つき教本として、非常にユニークな存在です。一七九八年の発明後、伝聞などでヨーロッパ中に普及した石版印刷を総括するような著作でした。

ゼネフェルダーはプラハで生まれた後、ドイツのミュンヘンに移住します。そこで、当時高価だった版材を、安く仕入れられないかと試行錯誤する中で偶然、石版印刷のもととなる原理を発見しました。水と脂肪（油）が互いに反発しあうこと、石灰石が脂肪とよくなじみ、表面の小さな穴に脂肪を吸収すること、そして水をかけると表面の小さな穴は同じように水を保持することに気づいたのです。

版は平らなのに絵柄が紙に写し取れるため、手品のように不思議な印刷だとよくいわれます。しかし、原理は「水と油の反発」という単純なものなのです。版材となる石灰石は、表面に均質に穴を持ち、炭酸カルシウムが九八％含まれるものが最適だといわれます。このように良質な版材は、南ドイツ・ゾルンホーフェンという地区でしか採掘できず、同じ現場からは始祖鳥の化石も発見されています。

7　写真の発明と印刷への取組み

●見たままを記録する――十九世紀に起こった大発明

カメラのシャッターを押すと光が像となってフィルムに残ります。これが写真撮影です。写真は瞬間の現実(リアル)を再現するのにもっとも適した方法です。

十九世紀は「写真」メディアの世紀ともいわれるくらい、新聞、絵画、雑誌等各種メディアが写真のリアリティを取り入れた時代でした。十九世紀の風潮を表現する言葉に「リアリズム」がありますが、写真の登場と関連付けられるものなのかもしれません。木版印刷や銅版印刷のように人の手が加わったものではなく、光を留めた、より真実に近いイメージでした。このように社会的にも影響力を持った写真でしたが、その発明者たちはこれを大量に複製し、多くの人々に伝える手段を考え出します。

写真は、十九世紀にヨーロッパで誕生しました。ルイ・ジャック・マンデ・ダゲール、W・H・フォックス・タルボットが生みの親です。と同時に彼らは、写真と印刷の橋渡し役としても重要な役割を担いました。

カメラ、すなわちカメラオブスキュラ自体は、十一世紀アラビア人によって発明されたといわれています。現代ではカメラ＝写真機と連想されますが、十九世紀以前のカメラは、いわゆる幻灯機《げんとうき》でしかありませんでした。写った画像を記録し、後世に残すことはできなかったのです。

しかし十九世紀になってはじめて、瞬間の保存が可能となりました。一八三九年、フランスのダゲールが銀塩《ぎんえん》写真法を完成させます。感光性を持たせた金属板をカメラに入れ、撮影し、その後水銀の蒸気を当てて現像すると、撮影したイメージが浮き上がってくることにダゲールは気づきました。これをダゲレオタイプといいます。実用化されたはじめての写真現像法です。

これも、もとを正せばエッチング技術をヒントに生み出されたものでした。しかし一方で、ダゲレオの写真画像にはいくつか問題がありました。画像が左右逆のポジ画像であり、しかも板が金属であったため、焼き増しができなかったのです。ここが現代のプリント写真と大きく異なる点です。

ダゲレオタイプのようにガラスや金属板上に、画像を入れ込むだけでは、広く使われるためには限界がありました。写真画像を版に取り込む際、割れたりヒビが入ってしまったりするからです。そこで一八四一年、イギリスのタルボットが、紙を利用したネガポジ法を考え出します。かつ、以前は逆版のポジイメージしか得られなかった点も、タルボットは改善します。画像をネガとして保存し、必要に応じてポジ画像として焼き増しする、という新しい方法です。版材が扱いやすい点、ネガ／ポジを利用できる点、この二点により、写真を取り込んだ版づくりがはじめて可能となりました。

そして一八九〇年、アメリカのレヴィ兄弟が交線《こうせん》ガラススクリーンを完成させます。

写真画像を印刷の版に移し変える際には、「網点《あみてん》」と呼ばれる点の集合体として、版を用意しなければなりません。なぜなら、光をプリント上に感光させ、画像を表現する写真とは違い、印刷はインキを物理的に紙の上にのせ、色や画像を表現するメディアだからです。つまり、インキがのるだけの面積を用意しなければならないのです。そこで、レヴィ兄弟は格子状のスクリーンを新しく考え出し、光の特徴をうまく利用した、新しい版づくりを考案します。この装置のおかげで、システマチックに画像を版に取り込むことが可能となりました。

写真という十九世紀の先端技術との出会いは、その後本や雑誌に、より多くの図版を入れるきっかけになったばかりでなく、出来事を正確に、すばやく人々へ伝える印刷の力をさらに加速させました。

8 大量・高速印刷を可能とした技術革新

◉加圧(プレス)方式の変遷と印刷機の動力化

グーテンベルクが発明した活字と印刷機を組み合わせた印刷術は、その後、時代とともに技術が発展していくにつれて、生産の効率を飛躍的に高めていくこととなりました。そして今日見られるような大量・高速印刷の時代を迎えることとなるのです。

こうした印刷の生産効率の飛躍的な向上は、刷るメカニズムの変遷によってもたらされました。ぶどう搾り機をヒントにグーテンベルクが発明した木製手引き印刷機は、加圧(プレス)することで、紙にインキを移転するものでした。この原理は技術が発展した今日においても変わりはありませんが、加圧の方式に改良が加えられ、発展していくことで、印刷は量と速度をともに高めていくこととなったのです。中でも大量・高速印刷を実現させる最も大きな要因となったのが、十八世紀における産業革命による動力の導入でした。これまでの人力から動力への転換は、印刷の歴史における分岐点ともなったといえるでしょう。

刷るメカニズムは、三つの段階を変遷し、今日へと至っています。その先駆けとなったのが、前述のグーテンベルクの印刷機です。平らな版面と、平らな圧盤によって印刷を行う、平圧《へいあつ》方式の印刷機によって、初めて紙の両面への印刷が可能となり、これまでの手書きから一気に量と速度を高めました。

平圧方式は、グーテンベルクの発明以後四〇〇年近く使われることとなりますが、その間、量と速度においては、それほど大きな進展は見られませんでした。もっとも、印刷機そのものは木製の手引き印刷機から、一七九八年にイギリスでつくられたスタンホーププレスのように総鉄製で、テコの力を応用し加圧するもの、さらには一八一六年頃にアメリカでつくられたコロンビアプレスのように、レバーを利用して加圧するものへと改良されています。

時代の移り変わりとともに、人々の知りたいという欲求は高まりを見せます。十九世紀に入ったばかりのヨーロッパでは、フランスのナポレオンによる戦争で動乱の時代を迎えていました。その中にあって、人々は、戦争の動向に対する正確な情報を、いち早く入手したがっていました。

イギリスでは、ニュースを知るために新聞を購入しようとする人が急増します。平圧式のスタンホープ印刷機(一時間に片面二五〇枚の印刷が可能)では、増大する需要に応えられなくなり、より生産性の高い、高性能な印刷機が求められることとなりました。こうした時代背景のもと、一八一四年に誕生したのが、ドイツのフリードリッヒ・ケーニッヒが、同じくドイツの機械技師アンドレアス・バウアーの協力を得て発明した円圧《えんあつ》印刷機でした。

円圧による加圧方式は、平らな版面に対して円筒《えんとう》形の圧胴《あつどう》によって加圧して印刷するもので、版の大小にかかわらず一定の線圧で印刷ができました。ケーニッヒによる最初の円圧印刷機は、圧胴が三等分されており、三分の一回転するごとに停止し、その際に給紙が行われ、圧胴が全回転すれば同一の版面から三枚の片面印刷が得られる、停止円筒印刷機と呼ばれるものでした。

しかし、この印刷機ははなはだ不評でした。そこでケーニッヒは改良を加え、連続回転する二本の圧胴と、左右両端にそれぞれ紙差し板を備え、二人の紙差し工と二人の紙取り工の手で、版盤の一往復ごとに同一版面から二枚の片面刷が得られる複動円圧印刷機を完成させました。この印刷機は一時間に一〇〇〇—一一〇〇枚を印刷することができました。

平圧方式のコロンビアプレス(印刷博物館蔵)

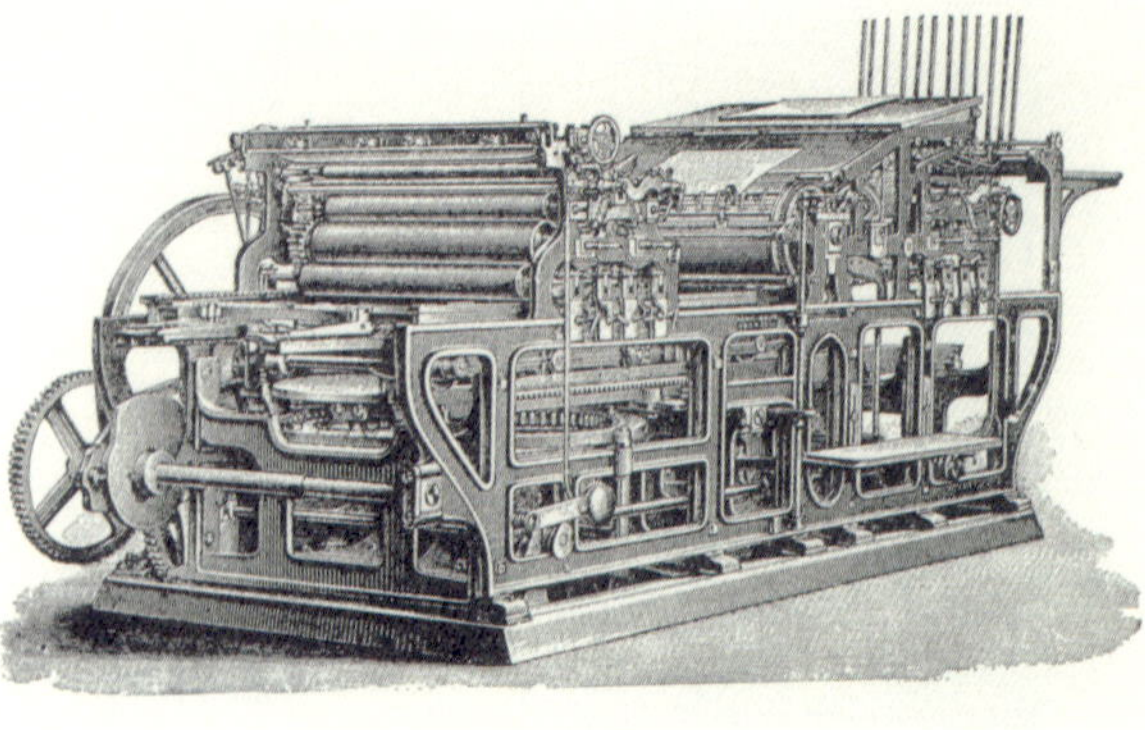

ケーニッヒの複動円圧印刷機

●動力の登場

平圧式から円圧式への改良に加え、印刷の量と速度を高めたのが、蒸気機関の導入による動力化です。一七六九年にイギリスのジェームズ・ワットによって発明された蒸気機関は、印刷の世界も大きく変えました。紡績機《ぼうせきき》など他の産業機械同様、印刷機にも蒸気機関が導入され、これまで人力により繰り返し行われていた作業を、動力で行うようになったのです。

動力を導入したケーニッヒの印刷機は、それまで二四人のプレスマンが一二時間かけて印刷していた量をわずか三〇分で印刷するという、生産効率の上で大幅な向上をもたらしました。大量・高速印刷時代の幕開けです。

ケーニッヒ以降も、ワーフデール型の停止円筒印刷機（一八五五年頃・イギリス）や、ミレー式二回転印刷機（一八八九年・アメリカ）などの円圧式印刷機が考案されましたが、新聞に対する需要がますます高まると、一回刷るたびに回転が止まる円圧式印刷機に代わる、さらなる高速の印刷機が求められるようになりました。

こうした背景のもと、円筒形の版に対して円筒形の圧胴を接触させ、この間に圧力を加えながら、同一方向に回転させることで、連続して印刷が可能となる輪転《りんてん》式印刷機が発明されることとなりました。初めての輪転圧式の活版印刷機が製作されたのは、一八四六年アメリカ人アール・ホーの手によってでした。この印刷機は、円筒形の版胴を中心として、その周囲に四本の圧胴を取り付け、手差しによって四カ所から紙を差して印刷するもので、一時間に片面刷りで八〇〇〇枚の印刷が可能でした。

その後ホーは、さらに一〇本の圧胴による印刷機を製作しますが、この一〇人差し活版輪転印刷機は、一時間に片面刷り一万五〇〇〇枚から二万枚という、当時としては驚異的な速度での印刷を可能としました。グーテンベルクの印刷機に始まる印刷能力は、百から千、そしてとうとう万の位まで飛躍したのです。

速さと量を大幅に高めたホーの一〇人差し活版輪転印刷機でしたが、紙は手差しであり、人力によるものでした。この点を改良し、巻取紙《まきとり》を使用する輪転印刷機が、一八六五年にア

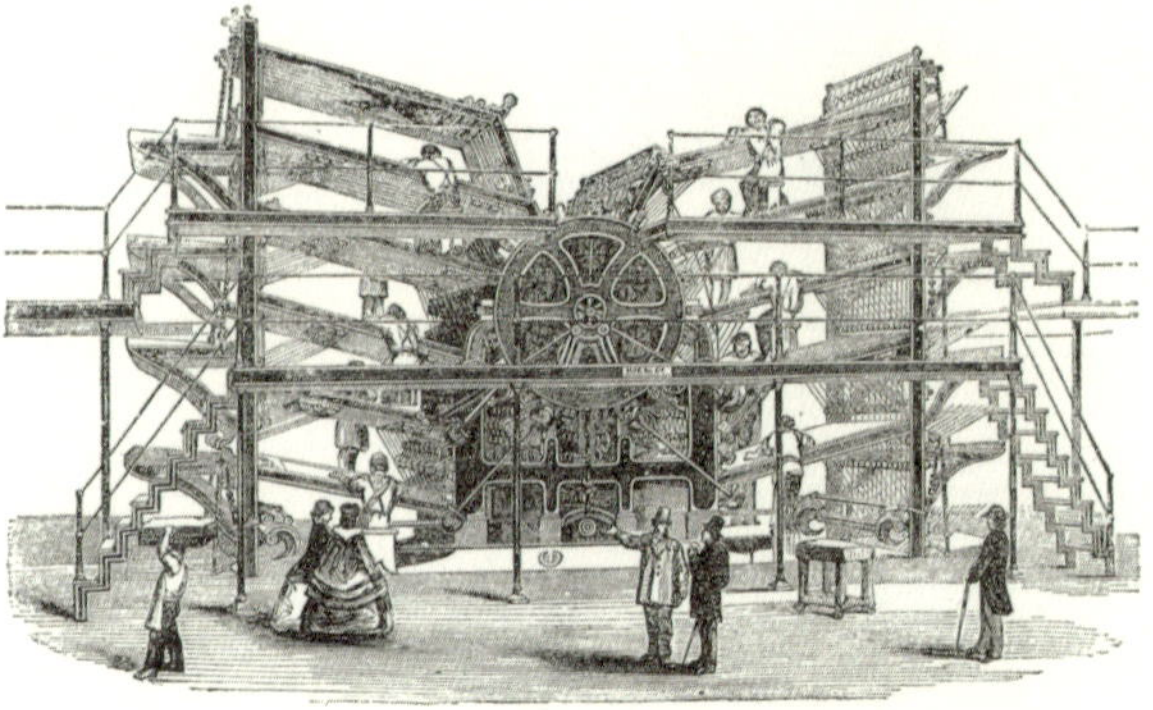

ホーの10人差し活版輪転印刷機

メリカのウィリアム・バロックによって製作されました。

バロック輪転機と呼ばれるこの印刷機は、印刷前に巻取紙を一枚ずつ切り離してから、版胴の間を通して印刷するものでした。これにより、初めて両面同時に印刷することが可能となり、一時間に七〇〇〇枚の両面印刷が行えるようになりました。

さらに、バロックによる製作から三年後の一八六八年には、イギリスのタイムズ社で、半円筒形の版を用いて、巻取紙の両面に印刷し、断裁《だんさい》して送り出す現在の輪転印刷機と基本的に同じ構造を持った、ウォルター輪転機が製作されます。印刷能力は両面刷りでも一時間に一万二〇〇〇枚と、一万の大台を超えたのです。

◉大量・高速印刷を支えた文字製版の機械化

これまで紹介してきたような刷りの技術の発展だけでなく、文字製版の技術の発展も大量・高速印刷を支えました。それは、活字の鋳造さらには組版《くみはん》の機械化によってもたらされたのです。

グーテンベルクによる活版印刷術発明以降、活字の鋳造は鉛合金の地金を溶かし、それをひしゃくですくい、鋳型に一つずつ流し込んでつくる方法で行われていました。グーテンベルク時代においては、一日五〇〇本程度だった生産量はその後、道具の改良や工程の見直しにより、十七世紀になると一〇時間で二〇〇〇—三〇〇〇本程度まで増加しました。しかし、産業革命以降印刷機に動力が導入されるようになると、活字も大量に必要となり、生産量の大幅な飛躍が求められます。そこで、活字の鋳造も機械化が進められ、一八四三年になると、D・ブルースJr.が、一八二八年にW・M・ジョンソンの考案した鋳造機をもとに、手回し式鋳造機を完成させ、鋳造速度は一気に三倍以上となりました。それまでの手による鋳造から大きく発展したこの機械は、鋳造機の基礎を築く役割を担いましたが、まだ動力の導入には至っていませんでした。それが実現されたのは、一九〇九年のアメリカのトムソン社による自動活字鋳造機によってでした。それは、印刷機に動力が導入されてから実に一〇〇年近くを経て実現したものです。

動力による鋳造の先駆けとなった、トムソン社製の鋳造機は、その後日本にも導入され（一九〇九年に三井物産が輸入）、自動活字鋳造機の原型ともなり、以後類似した鋳造機が相次いで製造され、盛んに使用されました。

このようにして動力化を可能とした活字の鋳造ですが、その間に、より大量・高速化へと印刷機が発展したことから、二十世紀に入ると、速く活字を鋳造するだけではなく、鋳造後の工程である組版も自動化することが待ち望まれるようになりました。

十五世紀中頃から行われていた、大量の文字を人の手によって一つひとつ拾い、原稿どおりに並べて組む作業は、大変な時間と労力を必要としました。この時間と労力を大幅に削減し、生産効率を向上させ、大量印刷を支えたのが、ライノタイプとモノタイプに代表される組版の機械化だったのです。

ライノタイプは、一八八五年に、O・マーゲンターラーによって発明され、一九〇〇年に実用化された欧文用の自動鋳植機《ちゅうしょくき》です。原稿どおりにキーボードを打つと機械が自動的に母型を選び出し、一行分の活字をまとめて鋳造し、鋳造後は、母型を自動的にもとの場所に戻すという優れものでした。このライノタイプは、一時間に一万五〇〇〇字を鋳造し、組むことができる非常な高速機械で、新聞・雑誌の組版に広く活用されました。

一方、一八八七年にT・ランストンによってモノタイプが発明されます。この機械はキーボードを用いて紙のテープに孔《あな》を開ける鑽孔機《さんこうき》と、その孔を開けた紙のテープの情報により活字とスペースを鋳造していく鋳植機の組み合わせによるものでした。モノタイプは、ライノタイプより速度は劣るものの、活字が一本ずつ鋳造される点から、組み直しや訂正の多い書籍や雑誌の組版に用いられました。また、いつでも同じ版をつくることが可能であることから、再版が行われる書籍にも適していました。

人類史上画期的な発明ともいえる活字と印刷機を組み合わせた活版印刷術は、より多くの人が、より早く情報を得たいという欲求を受け、それに応える形で技術的な発展を遂げました。その結果、印刷は、マス・コミュニケーション・メディアへと大きく成長していくこととなったのです。

9　大量印刷が社会に与えた影響

動力化によって、本を大量に、速く印刷することが可能となり、多くの人々が安く本を手

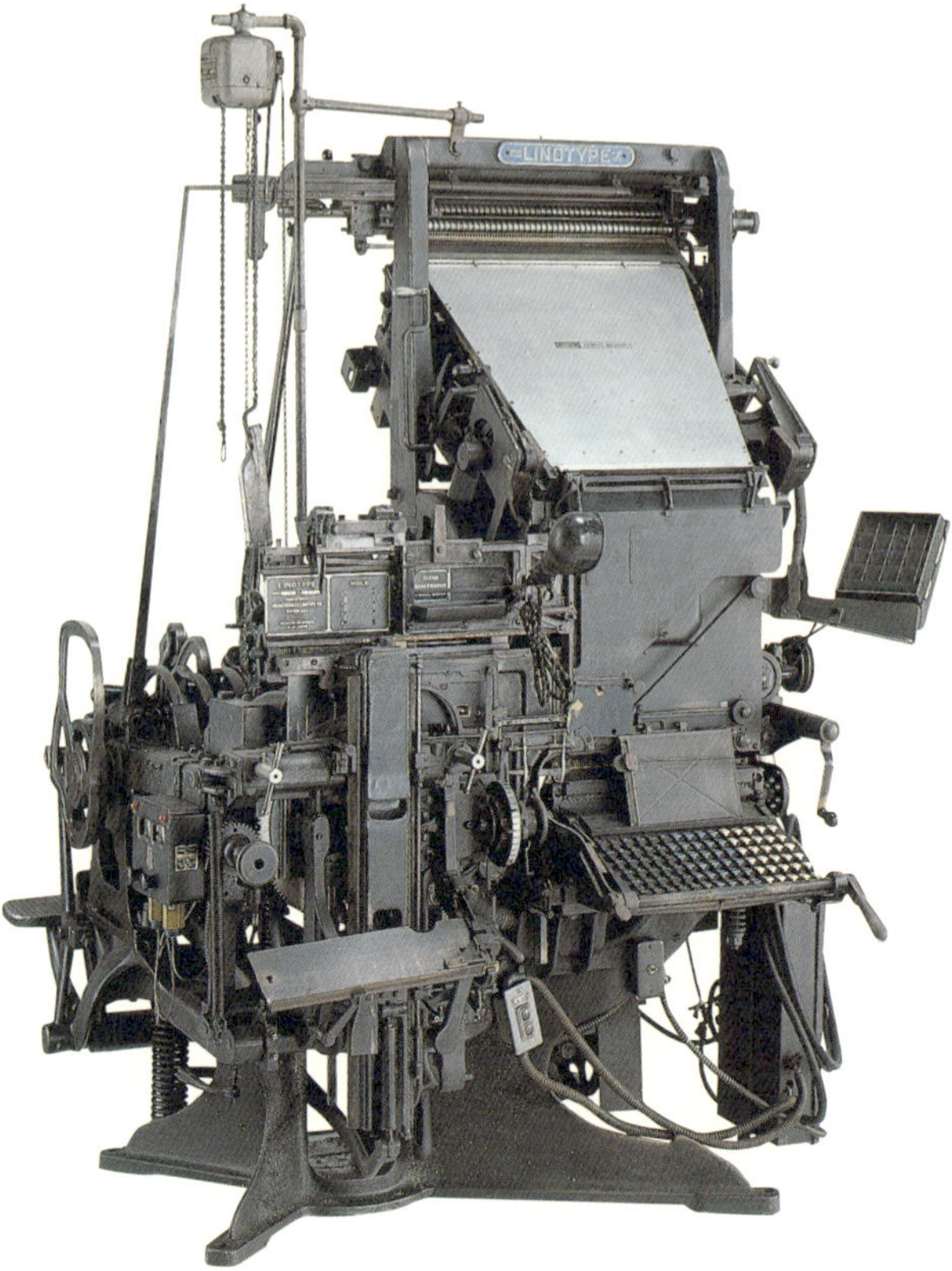

ライノタイプ(印刷博物館蔵)

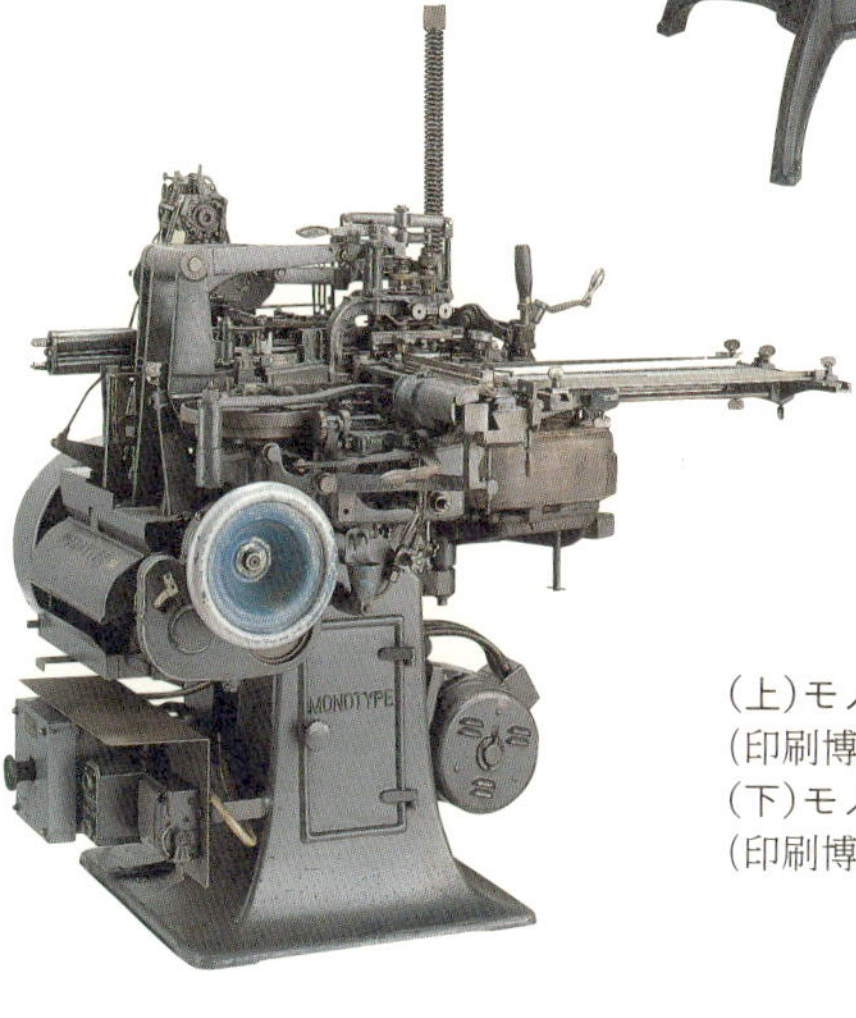

（上）モノタイプ，鑽孔機
（印刷博物館蔵）
（下）モノタイプ，鋳植機
（印刷博物館蔵）

にできるようになりました。そしてこの大量・高速印刷時代の到来は、社会に多大な影響をもたらすこととなったのです。

●雑誌『キング』

ヨーロッパやアメリカに遅れて産業革命を迎えた日本でも、大量・高速印刷時代の到来が出版社会を大きく変えることとなりました。それは、読者層を大衆にまで広げ、これまで知識を得るものとして読まれていた書物を、楽しむために読む、娯楽としての書物へと変えたのです。この出版の大衆化を如実《にょじつ》に示す例として取り上げられるのが、雑誌『キング』の創刊と円本《えんぽん》ブームです。

近代日本における出版の大衆化に最も貢献したといえる『キング』は、大正一四(一九二五)年に、大日本雄弁会《ゆうべんかい》講談社より創刊された娯楽雑誌です。「日本一おもしろい、日本一為《ため》になる、日本一安い雑誌」をモットーとして売り出された同誌は、創刊号において七五万部を売り尽くし、最盛期には一〇〇万部を超えるなど、子供から大人まで広く読者層を獲得し、出版界のみならず、広く社会に一大センセーションを巻き起こしました。

このような、当時においては驚異的な大部数の発行を可能としたものの一つが、動力印刷機による大量・高速印刷でした。明治二三(一八九〇)年には毎時一万五〇〇〇枚の印刷を可能としたマリノニ輪転印刷機が、大正七(一九一八)年にはトムソン型自動活字鋳造機が海外から導入されたことにより、活字を生産し、印刷するスピードが飛躍的に上がり、より高まった大衆の書物の需要に応えることを可能としたのです。

●円本ブーム

『キング』同様、本を身近な娯楽として人々に伝えるために発行され、一大ブームを巻き起こしたのが円本でした。この円本の先駆けとなったのが、大正一五(一九二六)年に「文学の民衆化」を旗印に、改造社《かいぞうしゃ》から一冊一円の廉価《れんか》で予約出版された全六二巻からなる文学全集『現代日本文学全集』でした。

よい本を安く読ませるために、これまでの半値という価格で発行された同書は、爆発的な売れ行きを示し、後の『世界文学全集』(新潮社)、『現代大衆文学全集』(平凡社)などにつながる円本ブームの火付け役ともなりました。この円本ブームを支えたのも、印刷、製本工程の機械化による生産の向上と、それによる大量出版の実現でした。

これまで述べてきたように、近代日本における大量・高速印刷時代の到来は、出版の大衆

雑誌『キング』

円本と呼ばれた『現代日本文学全集』

化をもたらし、本を身近に、これまで以上に親しみ、楽しむものとしたのです。

10 オフセット、グラビア印刷時代の到来

活版印刷がメカニカルな面において進化を遂げるなか、凹版印刷と平版印刷が発明されたことは先に述べたとおりです。この凹版印刷と平版印刷は、時代とともに大きな発展を遂げることとなり、現代においては、活版印刷に代わって印刷の世界を支えるまでになっています。この凹版印刷と平版印刷が発展したものがグラビア印刷であり、オフセット印刷なのです。

●偶然から生まれたオフセット印刷

オフセット印刷は、凸版《とっぱん》や凹版の印刷にも利用されることがありますが、現在では平版に最も多く利用されており、一般的にはオフセットというと平版印刷をさしていうようになっています。このオフセットの代名詞ともなっている平版印刷は、先に紹介したように、一七九八年のドイツのゼネフェルダーによる石版印刷(リトグラフ)の発明に始まりました。平版印刷は、版式特有の表現だけでなく、凸版や凹版の表現も行うことができるなど多様な表現ができることから、書物を中心に印刷の領域を広げました。

この平版印刷がさらなる飛躍を遂げたのが、今から約一二〇年前の一九〇四年に、アメリカのアイラ・ルーベルにより偶然発明されたオフセット印刷によってでした。ある日、ルーベルが経営する石版印刷工場で印刷者が紙を差しそこねたことにより、圧胴のゴムブランケットにインキが付いてしまいます。すると、次に差した紙の裏面に、その圧胴に着いたインキによって鮮明な印刷が得られたのです。これをヒントに、翌年の一九〇五年にルーベルは、版と圧胴の間にゴムブランケット胴を持ったオフセット印刷機を完成させました。

凸版や凹版、そしてこれまでの石版や金属平版においては、版面から直接紙面へ直刷《じかず》りし

ルーベルとオフセット印刷機

ていました。一方オフセット印刷は、版面から一度インキを離して(off)、柔軟なゴムブランケットの表面に転写し、それから紙面に印刷する(set)間接印刷方式です。その構造は、版を巻き付ける「版胴」と、ゴムブランケットを巻く「ゴムブランケット胴」、圧力をかける「圧胴」の三本の円筒から構成されています。粗悪な紙にも鮮明に刷れるといった点や、直刷りよりも版面の耐刷力が大きい点、低コストである点など、大量・高速印刷に適した特長を持っています。

ルーベルの発明以来、オフセット印刷機は手差しによる給紙から、自動給紙を装備するなど技術的な改良が加えられ、その生産能力を高めました。そして、その生産能力は、ロ

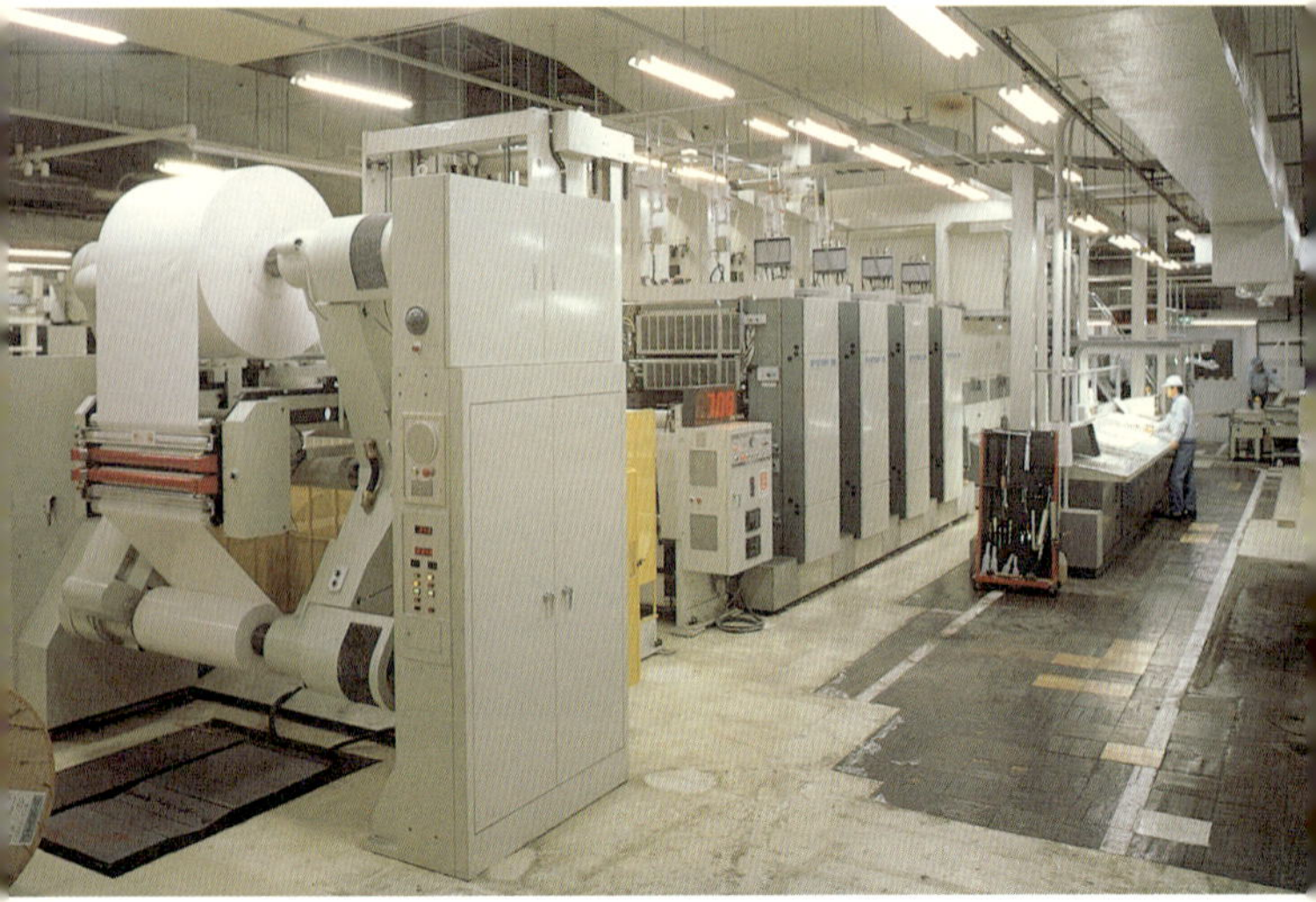

オフセット輪転印刷機

ール紙などの巻取紙に印刷をするオフセット輪転機の開発によりさらに向上し、より大量かつ高速な印刷を実現したのです。

毎分六〇〇から一〇〇〇回転という速い印刷能力を持ち、両面を一度に印刷して折りまでを完了できるオフセット輪転機は、戦後になって新聞や週刊誌にオフセット印刷が用いられるようになるとその数を増やし、さらにチラシやカタログなどのカラー印刷の需要が急増した一九七〇年以降において本格的に普及することとなりました。

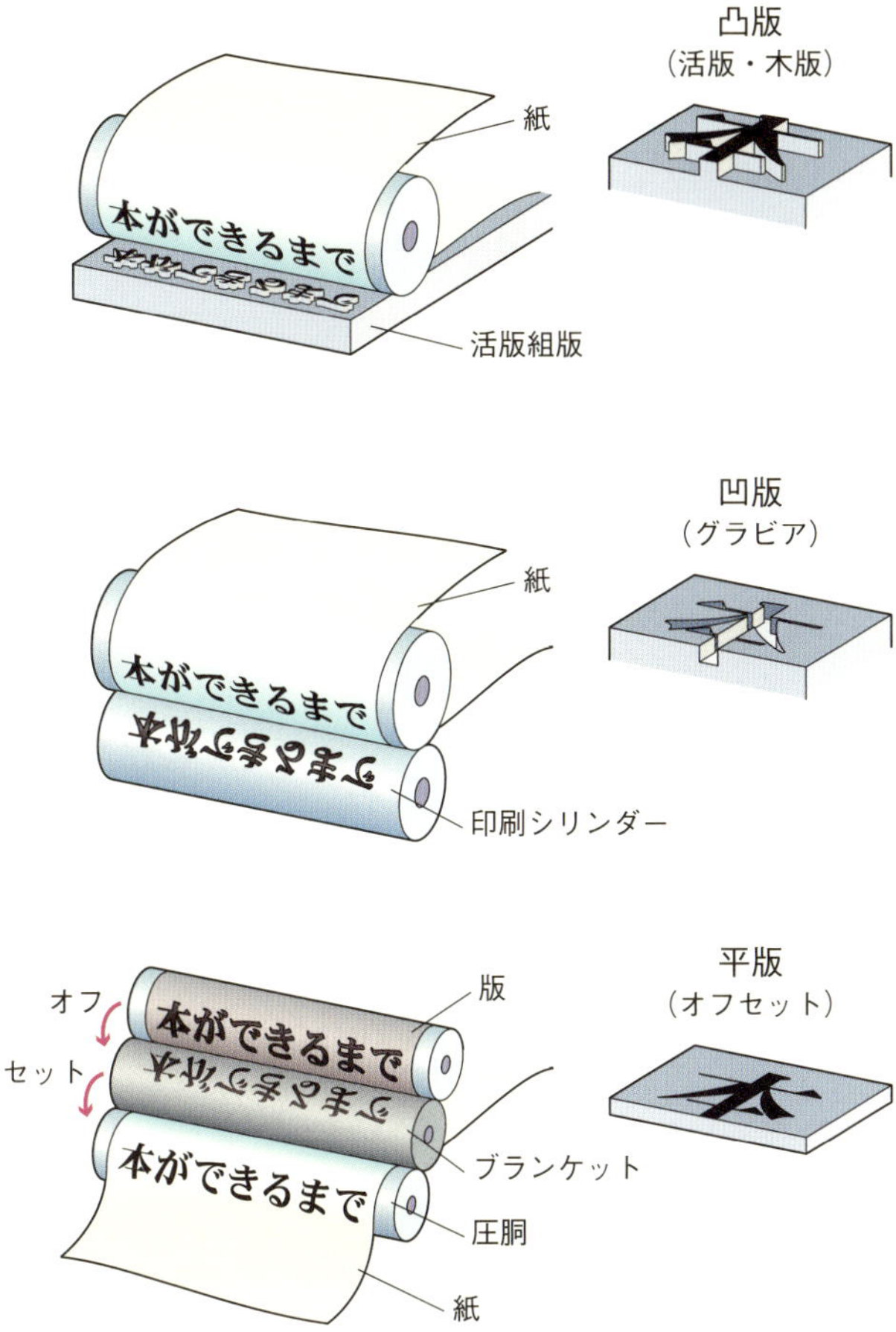
凸版
（活版・木版）
紙
本ができるまで
活版組版
凹版
（グラビア）
紙
本ができるまで
印刷シリンダー
平版
（オフセット）
オフ
セット
版
本ができるまで
ブランケット
本ができるまで
圧胴
紙
印刷の三大版式

●カラー印刷時代を支えるグラビア印刷

「グラビア」という言葉を耳にしたことがある方は多いと思います。「雑誌のグラビアページ」、「フォトグラビア」はその一例ですが、実はこの「グラビア」は、グラビア印刷という印刷方式からきているのです。

グラビア印刷は、写真製版法を主とする凹版印刷の一つです。凹版印刷が十五世紀後半のヨーロッパにおいて、彫刻凹版つまりエッチングにより始まったことはすでに述べたとおりですが、その後一八七九年に、グラビア印刷が写真製版とともに誕生しました。それは、チェコスロバキアのカール・クリッチュによる散粉グラビア法の考案によるものでした。彼は、写真画像を銅の表面に化学腐食させることでセル(印刷で網点となるくぼみ)を形成するプロセスを築き、写真凹版への道を開きました。

クリッチュは一八九三年に、最初のグラビア印刷機となる輪転式の写真凹版印刷機を製作するとともに、イギリスに印刷会社を設立して実際に営業稼動しました。グラビア印刷機は、その後もアメリカやドイツの印刷機械メーカーでいっせいに製作されるようになりました。そして、一九一四年に勃発した第一次世界大戦により欧米でグラビア印刷の戦時画報が発行されるようになると、著しい発展を遂げることとなったのです。

グラビア輪転印刷機

　こうして欧米で発展を見たグラビア印刷が、日本で本格的に実用化を迎えるのは、第一次世界大戦後に欧米からグラビア印刷機が輸入されるようになってからでした。その後、第二次世界大戦後に一色枚葉《まいよう》輪転機が国産化されると、次々に多色グラビア輪転機が製作されることとなります。さらに出版部門のグラビア輪転機による印刷が年々高まりを見せると、大量かつ高速へと生産効率を高め、機械の大型化が進みました。

　このように技術的には比較的歴史の浅いグラビア印刷ですが、インキの厚盛りが可能な点、豊富な色調再現ができる点、さらに大量かつ高速印刷に向いている点から、グラフ誌や週刊誌、カタログなどのビジュアル化、カラー化の伸びに乗じて大きく発展し、今日のカラー印刷時代を支える大きな役割を担っているのです。

11　消えてゆく活字

グーテンベルクの時代から、西洋の印刷・出版文化を大きく支えてきたのが活版印刷でした。文字の多くが金属活字によって印刷されてきましたが、それは印刷機に動力が備わり、大量・高速印刷が可能となった近代に至っても変わりはありませんでした。しかし、長年にわたって、文字印刷の主役をつとめてきたその活字も、現代に起こっているメディアの急激な変化に大きな影響を受け、今日その姿を消しつつあります。

西洋を中心に印刷の一時代を築いてきた活字が、一体どうして消えてゆこうとしているのでしょうか。それは効率化の追求と、アナログからデジタルへと変貌を遂げた印刷の姿から垣間見ることができます。

●写真植字機の登場

日本を例に見てみると、はじめに大きな転機をもたらしたのが、写真植字機《しゃしんしょくじき》の登場でした。

写真植字とは、これまで金属活字で行っていた植字を、文字どおり写真を撮るように、レンズと印画紙の応用によって行うものです。

写真植字機では、写真製版用の文字印画またはポジフィルムをつくることができます。活字の母型にあたるネガティブの文字盤を透過した光を、レンズを通して印画紙またはフィルムに一字ずつ順番に投射して印字するのです。焦点距離が同じで倍率の異なるいくつかのレンズを交換することができるので、一つの文字パターンから大きさの異なる印字が可能で、かつ長体《ちょうたい》や平体《へいたい》、斜体《しゃたい》など各種の変形文字が変形レンズによって印字できるといった特徴を持っていました。

この写真植字機に先鞭《せんべん》をつけたのが、石井茂吉と森澤信夫の二人です。二人は大正一三(一九二四)年に連名で特許を出願し、その翌年に試作機として邦文写真植字機を製作しました。その後も写真植字機は、実用性の向上や、書体の充実化などの改良が加えられ、昭和二〇(一九四五)年頃から本格的に普及することとなったのです。

文字組版において活字を全く用いない写真植字機の発明は、印刷、出版の世界に新しい風をもたらしました。

1960年代の写真植字機

●デジタル化を迎えた文字組版

長い間行われてきた手作業から、写真植字によって一歩前進を遂げることとなった文字組版ですが、それは依然アナログ方式によるものでした。この方式から一変し、デジタル化を迎えることとなったのは、組版にコンピュータが導入されるようになってからです。そして、その幕開けを告げたのが、一九七〇年に実用化されたコンピュータによる活字組版システム、CTS(Computerized Typesetting System＝電算植字システム)の登場でした。

CTSはコンピュータを用いて電子的に植字を行うもので、文字情報と割付け《わりつ》(レイアウト)情報を別々にコンピュータに入力し、編集するとともに、電算植字機によって印画紙《いんがし》(版下《はんした》)またはフィルムに出力するものです。こうしたデジタル化によって、高速文字処理が可能となり、組版時間の大幅な短縮と生産の合理化が実現されました。CTSは、出版の世界に革命をもたらしたのです。

デジタル時代を迎え、印刷はさらなる進化を続けています。コンピュータに入力した文字や画像は、CTP(Computer to Plate)の登場によって、版下やフィルムに出力することなくダイレクトに印刷用版材に出力して刷版《さっぱん》を製作することができます。こうした技術の進歩によって今日私たちは、多種多様な本を、早く、安く手にしていますが、その一方で、本の印刷を長年支えてきた活字はその役目を終え、消えようとしているのです。

現在、活字に代わって主流となっているＣＴＳやＣＴＰについては、次の章で詳しく紹介します。

コラム　印刷博物館

本書で印刷の歴史を紹介した印刷博物館は東京都文京区にあり、最寄り駅はJR総武線飯田橋です。二〇〇〇年秋に開館した博物館で、見学するだけでなく内部に印刷工房があり、活版印刷の体験ができます。

「印刷は伝えたい心の表現」との考え方から、印刷の技術だけではなく、ポスターや書籍などの印刷物も多く展示されています。入口を入ると四〇メートルにわたって、印刷の歴史にまつわるさまざまなレプリカが展示されています。プロローグと名付けられたここは、いわば形で表した印刷年表です。

徳川家康が作らせた「駿河版銅活字」(重要文化財)も展示されています。「戦国時代に金属活字があった?」と疑問に思われる人も多いことでしょう。不思議な歴史のミステリーが、ここで体験できます。

コラム　「紙」ができるまで

「本」の原材料は紙です。本の中身、表紙、カバーや函《はこ》など大部分が紙によってできています。その紙はどのように作られるのか、基本的な製造工程を知ることは、印刷や製本を理解するうえで大切なことです。

現在の洋紙の主原料は木材です。木材を砕き、繊維をとり出し水に溶かして網の上に流し、抄《す》き取ったものが紙です。紙を作ることを抄紙《しょうし》とか抄造《しょうぞう》と呼ぶのもそのためです。

抄造の原理

抄紙法には手漉《す》き、機械抄《す》きの両方がありますが、原理は同じです。網目状のプレートの上に木材などを溶かした植物繊維原料を流して平らにのばし、脱水させ、さらに水分を蒸発・乾燥させて紙ができあがります。

抄紙の工程

長い抄紙機(巨大なものは全長二〇〇mくらいのものもある)

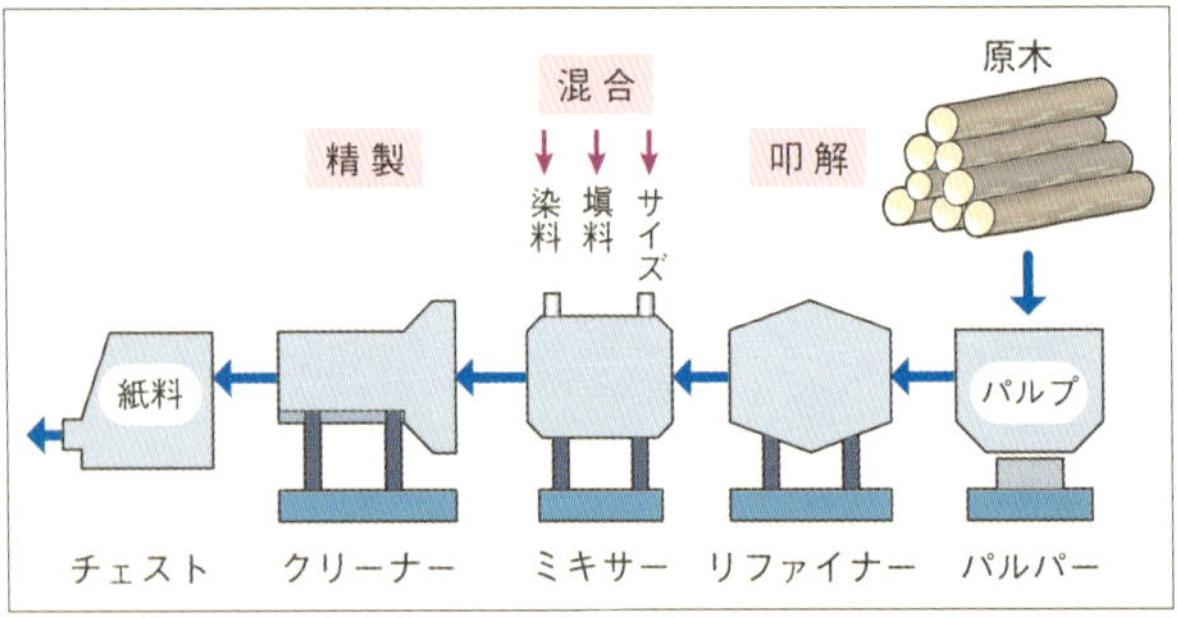

に添って歩きながら、抄紙のしくみを眺めてみましょう。

①紙料の調整と混合

紙は木材をこまかく刻んだチップから取り出した純粋なセルロース繊維＝パルプが原料になります。木材パルプには製法の違いや樹木の違いからいろいろの種類があります。

配合率によって各種パルプを混合してリファイナーにかけます。リファイナーはパルプ繊維を叩解《こうかい》する機械です。

それに繊維以外の物質——サイズ剤(紙に耐水性を与えインキにじみなどを防ぐ)、塡料《てんりょう》(白土や炭酸カルシウム)、染料などが加えられ、さらに精製して紙料が完成します。

②抄紙

水で濃度一%にまでうすめられた紙料が抄紙機に流れ出して抄紙が始まります。抄紙は三つの部門から成り立っています。

・ワイヤーパート——漉き網の上に流された希釈原料が走ります。この時の紙料の流出量と流速によって紙の厚さが決められます。ワイヤーの上を走りながら水分が網の下に落ちて脱水さ

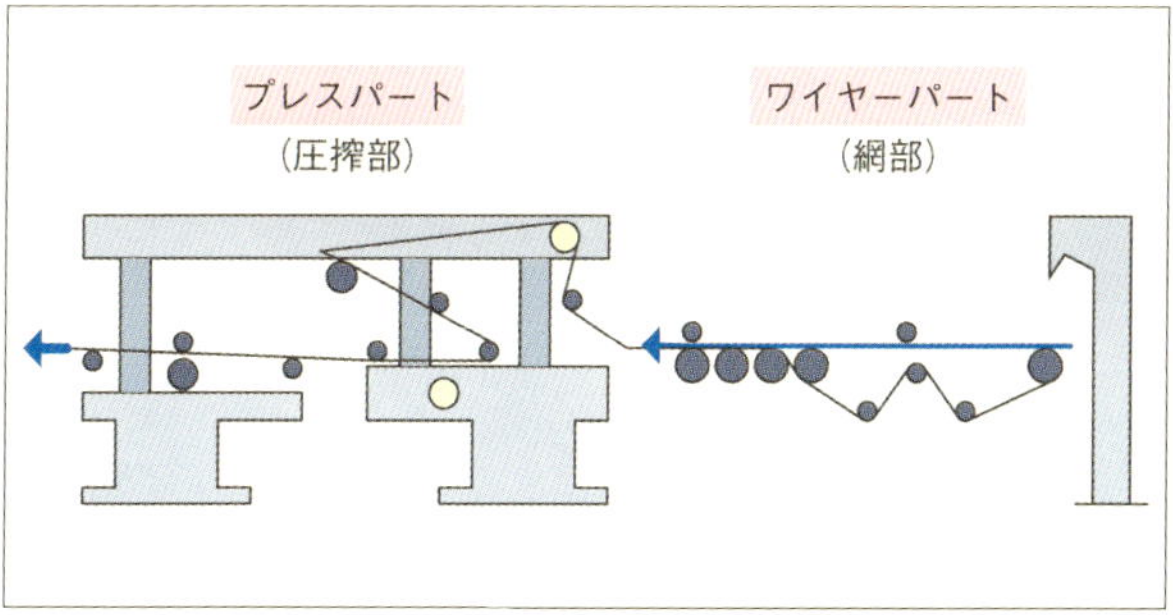

れ、次第に繊維は紙状に近付きます。

・プレスパート――時速三〇キロ以上のスピードで流れてきた繊維(湿紙《しとがみ》)は、プレスパートの毛布の上に乗り移り、毛布と一緒にロールとロールの間を通りすぎながらプレス(圧搾《あっさく》)され脱水されます。ここでは八〇％近くあった水分が約六〇％まで減少します。

・ドライパート――大型の抄紙機になると七〇本ものロール(回転円筒のドライヤー)が高速で回っています。そこに一三〇度の蒸気がふき込まれ、その間を通りぬけていくうちに湿紙に含まれている水分は六〜八％に減少して「紙」となります。

③表面処理と巻取、断裁

ドライパートで乾燥した紙の表面はまだ少し凹凸《おうとつ》があるのでカレンダー(光沢《こうたく》を出す機械)のロールを通して表面処理をし、滑らかにします。

カレンダーから出てきた紙はリールに巻き取られ、そのうえで、スリッターやカッターと呼ばれる刃で規格寸法に断裁され

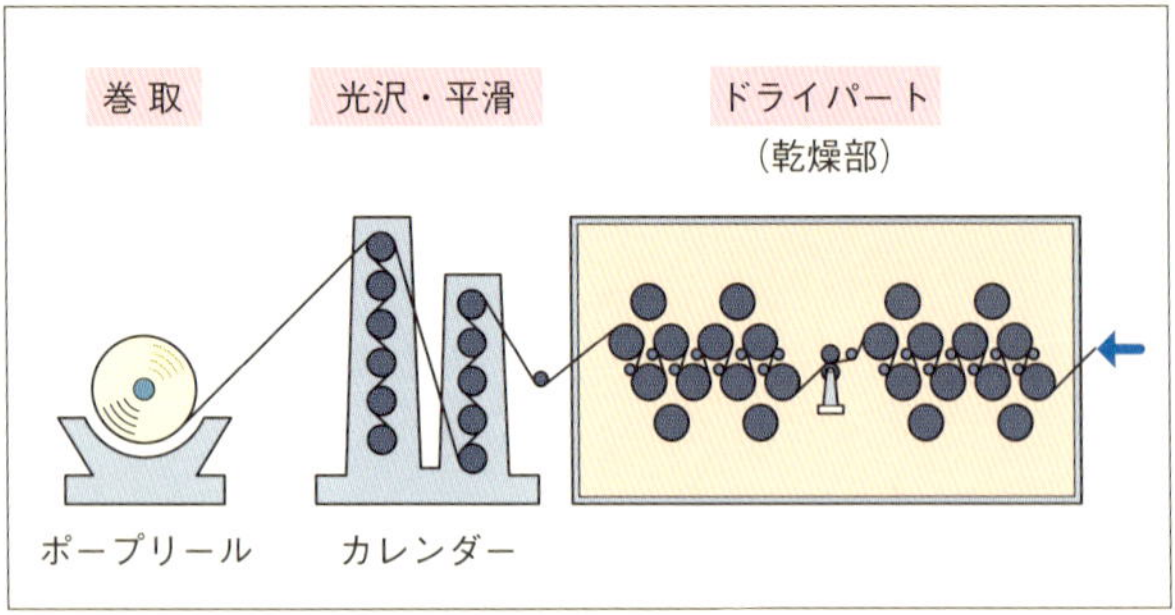

て抄造は完成します。

紙には表と裏がある

紙の表は比較的平滑《へいかつ》で、裏はややザラついています。この表と裏は、ワイヤーパートで決まります。すなわちワイヤー上を紙が通るときワイヤーに接触している面に網の模様がついて裏面となるのです。本のように紙の両面印刷が多い洋紙は、表裏差を少なくすることが品質を良くする大切な要素です。

紙には目がある

木材から分離したセルロース繊維が紙の原料であることは前述しました。その原料が水状となって抄紙機の中をかなりのスピードで流れて紙となります。その流れの中で繊維は流れにそって一定方向に並びます。完成した紙の中の繊維の並んだ状態を「紙の目」といいます。断裁されてできあがった紙は長方形ですが、長辺と平行に紙目が流れているのを「タテ目の紙」といい、短辺と平行に紙目が流れているのを「ヨコ目の紙」といいます。

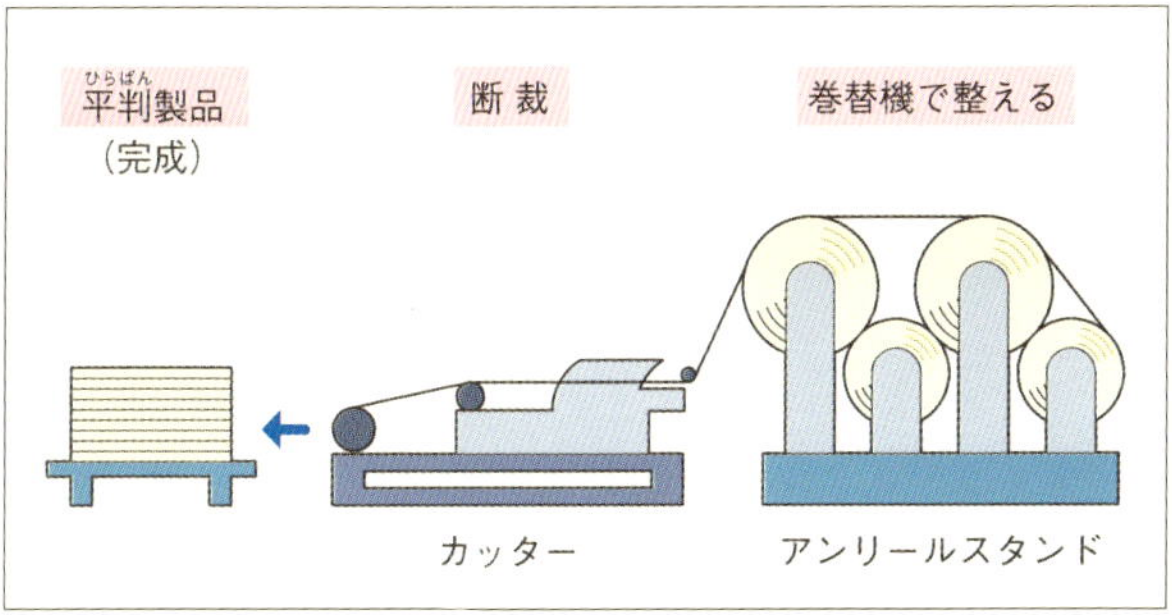

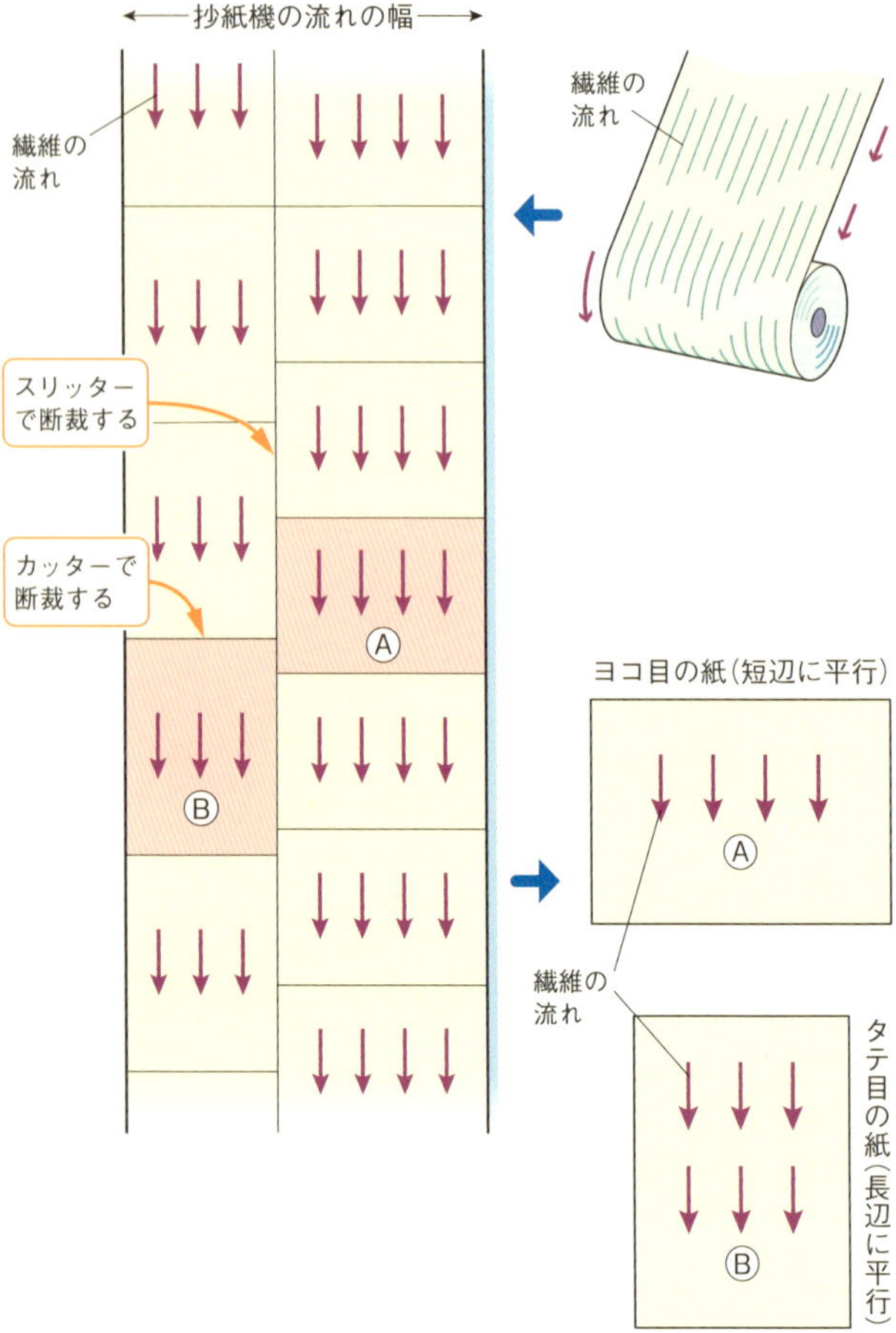

抄紙機の流れの幅
繊維の流れ
繊維の流れ
スリッターで断裁する
カッターで断裁する
Ⓐ
Ⓑ
ヨコ目の紙(短辺に平行)
Ⓐ
繊維の流れ
タテ目の紙(長辺に平行)
Ⓑ

紙は紙目に沿って曲げるとやわらかく曲がりますが、紙目に直角に曲げようとするとつっぱり、抵抗を感じます。本を作る時には紙の目の選択は重要です。

紙の種類はたくさんある

洋紙には用途によってたくさんの種類があります。新聞用巻取紙、印刷用紙（本や雑誌、パンフレットなど）、情報用紙（コピー用紙やOAプリント紙）、包装紙（袋や包み紙になるクラフト紙など）、衛生紙（ティッシュやトイレットペーパー）など実に多くの紙があります。本に使用する印刷用紙はとくに種類が多く、質もさまざまです。表面がザラザラし、色もくすんだ更《ざら》紙《がみ》などはマンガや雑誌本文に、少し白さの増した中質紙は主として文庫本などに、白い上質紙は一般書籍の本文に使われます。また、白い紙で表面が平滑に加工されているアート紙やコート紙は本のカバー、ポスター、カタログ、美術本など高品質を要求される印刷物に使われます。ふだんなにげなく見ている紙も、あらためてよく見ると多彩でおもしろい分野です。

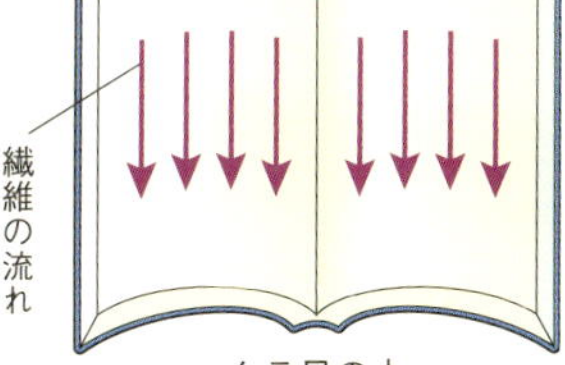

タテ目の本

しなやかで開きやすい

ヨコ目の本

つっぱって開きにくい．
普通はこのような本を
作ってはならない．

II

二〇〇三年当時の印刷

――精興社印刷工場を訪ねて

活　字

この章は、二〇〇三年に出版された『カラー版　本ができるまで』の「Ⅱ　現代の印刷 ―精興社印刷工場を訪ねて」の内容を収録したものです。本文中の「現代」や「現在」は二〇〇三年当時を指し、肩書なども当時のままにしてあります。

印刷所の仕事は出版社からの指示に従って、著者の原稿を正確に美しく印刷し、製本所に引き渡すまでの工程です。ここではこのジュニア新書の印刷所、精興《せいこう》社《しゃ》を訪ねて、書籍印刷の実際を紹介します。

精興社は、スミ(黒いインキ)一色で刷る書籍印刷を多く手がける青梅《おうめ》工場と、埼玉県朝霞《あさか》市にある絵本や写真集、カレンダーなどカラー印刷を行う工場を持つ、総合的な印刷会社です。

印刷は、知識や情報を多くの人に、より早く、より読みやすい形で、より安く伝えることを目指して発達してきました。日々起こる事件や出来事は、新聞や雑誌が中心にそれを伝える役割を担っていますが、じっくりと読む文学作品や学術的な論文などは本（書籍）の形で提供されています。

印刷会社が、どのような工夫や努力を続けてきたのか、現在は精興社顧問を務める久保《くぼ》庭《にわ》博さんにお話をうかがいます。

8ポイント
9ポイント
10ポイント
21ポイント

1　活版印刷を知る

●文選

現在はコンピュータの力で文字を組む時代になりましたが、まず活版による書籍印刷の工程を説明しましょう。活版印刷を知ることは、現在の印刷をより深く知る助けとなるはずです。

活版印刷では、印刷所に届けられた原稿はまず**文《ぶん》選《せん》**とい

（上）昭和 36 年頃の精興社青梅工場の文選風景，（下）文選箱

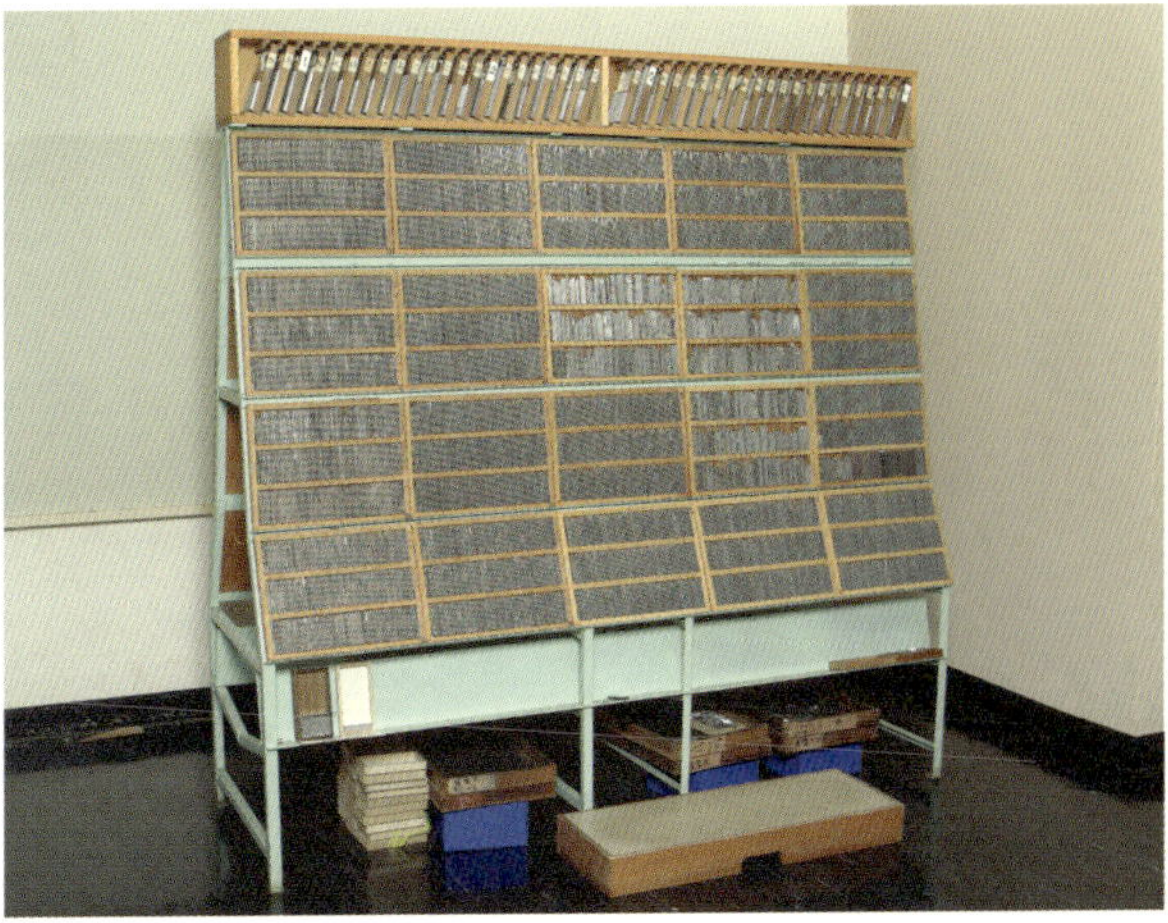

活字棚

う工程に回されます。文選というのは、原稿を見ながら一つひとつ活字を拾っていく仕事です。文選工は左手に文選箱と原稿を持ち、右手で活字を拾っていきます。文選箱には九ポイント(この本のコラムの文字の大きさです)の活字で一〇八一字入り、ベテランになると一日八時間で約一〇箱ぐらいの文選を行ったそうです。活字棚の前を効率よく無駄なく動きながら行う文選は、集中力と根気のいる仕事です。

ポイントとは、活字の大きさを表す単位です。活版印刷は幕末から明治にかけて西洋から入ってきたものなので、ヤードインチ法が基本になっていました。一ポイントは七二分の一インチで、メートル法に換算するとJI

S規格では〇・三五一四ミリです。

写植《しゃしょく》は、日本での開発時期にメートル法が提唱されていたので、一級を〇・二五ミリとする級数という単位が用いられました。活字から電算写植機に移行した時代に、この単位が定着しましたが、DTPの時代になって再びポイントが使われるようになりました。

ちなみに文選という工程があるのは、和文組版の場合だけです。欧文の場合には文選の後工程を行う植字工が、活字を拾いながら組むのが普通です。文選と組版を同時に行うことを拾い組といいます。文選は、二六文字しかない欧文とは違い、数千種の活字を拾わねばならない和文組版ならではの工夫かもしれません。

●植字

文選で拾われた活字は、**植字**の工程に回されます。植字は「**ちょくじ**」(この読み方は、かつて印刷業界内で使われていたもので、一般的には「しょくじ」と読みます。彫(ちょう)った字を植えるということから、「ちょくじ」という読み方をするようになったといわれています)と読みます。

植字工は左手に**ステッキ**という四角い皿のような道具を持ち、文選で拾った活字を原稿を

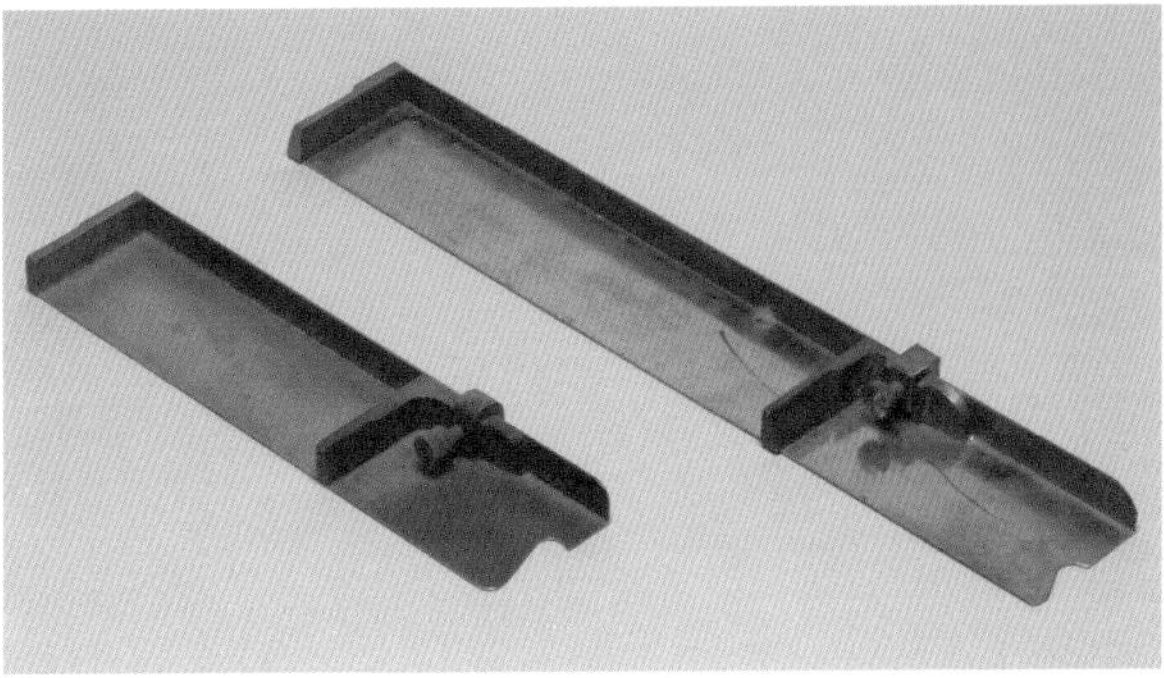

ステッキ

見ながら、下から上に一行ずつ逆さまに組んでいきます。原稿には著者が書いた文字の他に、出版社が赤字で書き込んだ組み方の指示が入っています。指示は例えば、四〇字詰め一五行で行の間は七ポイント空ける、あるいは引用の箇所は二字下げて前後を一行空ける、といったような形で入れられます。植字工はそれを読み取りながら、作業を進めていくのです。

　植字の作業は、植字台というわずかに傾いた衝立《ついたて》に向かって行われます。植字工はこれに向かい、立って作業を行います。植字では文選で拾った活字の他に、改行の下の余白などを埋める**クワタ**や、文字間を空ける**スペース**、行間に入れる**インテル**などの**込めもの**を組み込んでいきます。**ルビ**や**罫線《けいせん》**を入れるのも植字の仕事です。

　植字が完了すると、組版を糸で丁寧に結束し、**ゲラ**（ゲラ箱ともいう）に納めます。校正刷《こうせいず》りをゲラ（あるい

（上）植字台，（下）込めもの

はゲラ刷り)と呼ぶのは、ここからきているそうです。ゲラには重ねても組版が傷付かないように、高さ三センチ(活字の高さ二・三センチ)の枠がついています。最終工程まで組版を入れておく保管箱です。

原稿から最初に組み上げたゲラを初校ゲラといいます。これを校正して訂正したものは再校ゲラ、再校ゲラを訂正したものを三校ゲラといいます。植字には初校を組むだけではなく、仕事の段階によって何種類かの仕事があります。今説明したように初校ゲラを出した後、校正を何回か繰り返しますが、戻ってきたゲラの赤字《あかじ》訂正《ていせい》をするのも植字の仕事です。これを**差**《さ》**し替**《か》**え**といいます。赤字が多いほど作業は難しく、通常は初校戻りの差し替えがもっとも難しいとされています。

責了《せきりょう》となったゲラを訂正し、次の作業にまわす最終工程を、**下版**《げはん》といいます。責了は責任校了の略です。出版社から責了のハンコを押されたゲラを渡され、それを受け取ると、訂正して校了にする責任を印刷所が持つことになります。ですからこの過程は、大変に神経を使う作業です。赤字が入っていない校了ゲラを印刷所に渡す場合は、責任校了ではなく校了というハンコを押します。

精興社では古文書《こもんじょ》を活字にしたり、国文学のテキストのように頭注《とうちゅう》や脚注《きゃくちゅう》、さらにはルビ

（ふりがな用の活字。イギリスの古活字「ルビー」の大きさに相当するところから出た名称）が左右に付くような複雑な組版を多く手がけてきました。そのような仕事は、経験を積んだベテランにならなければできません。植字は出版社からの指示をよく読みながら、植字工が頭の中で仕上がりを考えていく、複雑で奥の深い仕事です。

●刷版

下版された組版は八ページに面付けされ、**刷版**《さっぱん》の工程に回されます。刷版というのは、インキを紙につける版のことです。ここでは印刷物の条件により、二つの工程に分かれます。部数が少ないものなどは、活字原版《げんぱん》をそのまま印刷機に組み付ける**原版刷り**という方法がとられることがあります。

これは、活字の姿をもっとも忠実に再現する方法です。しかし活字は印刷時の圧力ですり減るため、大体四〇〇〇部から五〇〇〇部までが原版刷りの限界といわれています。

原版刷りはむしろ例外的な方法で、通常はここで活字原版を用いた刷版の工程になります。日本の印刷会社で一般的なのは、活字原版から**紙型**《しけい》をとり、その紙型に溶融《ようゆう》した鉛合金《なまりごうきん》を流し込んで**鉛版**《えんばん》という刷版をつくる方法です。

（上）紙型，（下）活字原版

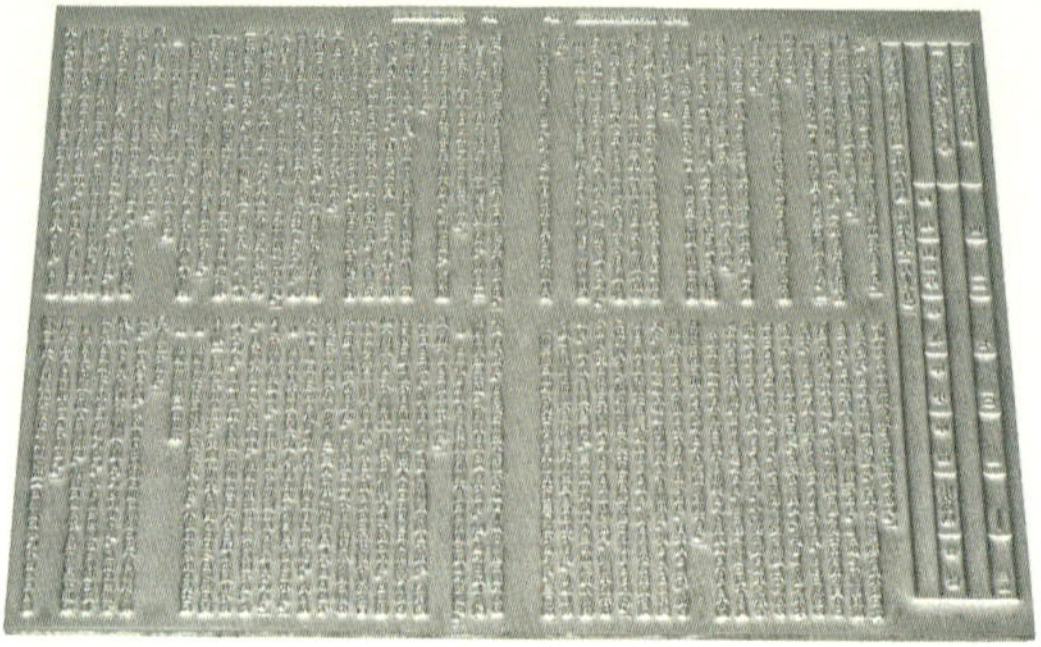

鉛版

紙型は、水分をふくんだ特殊なやわらかい紙に活字をめり込ませた後、熱プレスで乾燥するという方法をとっていました。これは手間がかかりますが、コストが安いため長い間用いられていました。現在ではドライマットという素材が使われています。

印刷会社では、この紙型を出版社から預かる形で保管し、増刷の注文が来ると必要に応じて訂正をし、再びこれをもとに鉛版を起こして印刷します。したがって紙型は、出版社、印刷所双方にとってきわめて重要なものであり、印刷所では大切に保管していました。しかし折ることも重ねることもできない紙型が年々増えていくと、印刷所にとってはこれを保管するスペースを確保することが、大きな負担となっていきました。

刷版を印刷機に組み付けて印刷するのが、**刷り**という最後の工程です。文選や植字も技術と経験を要する

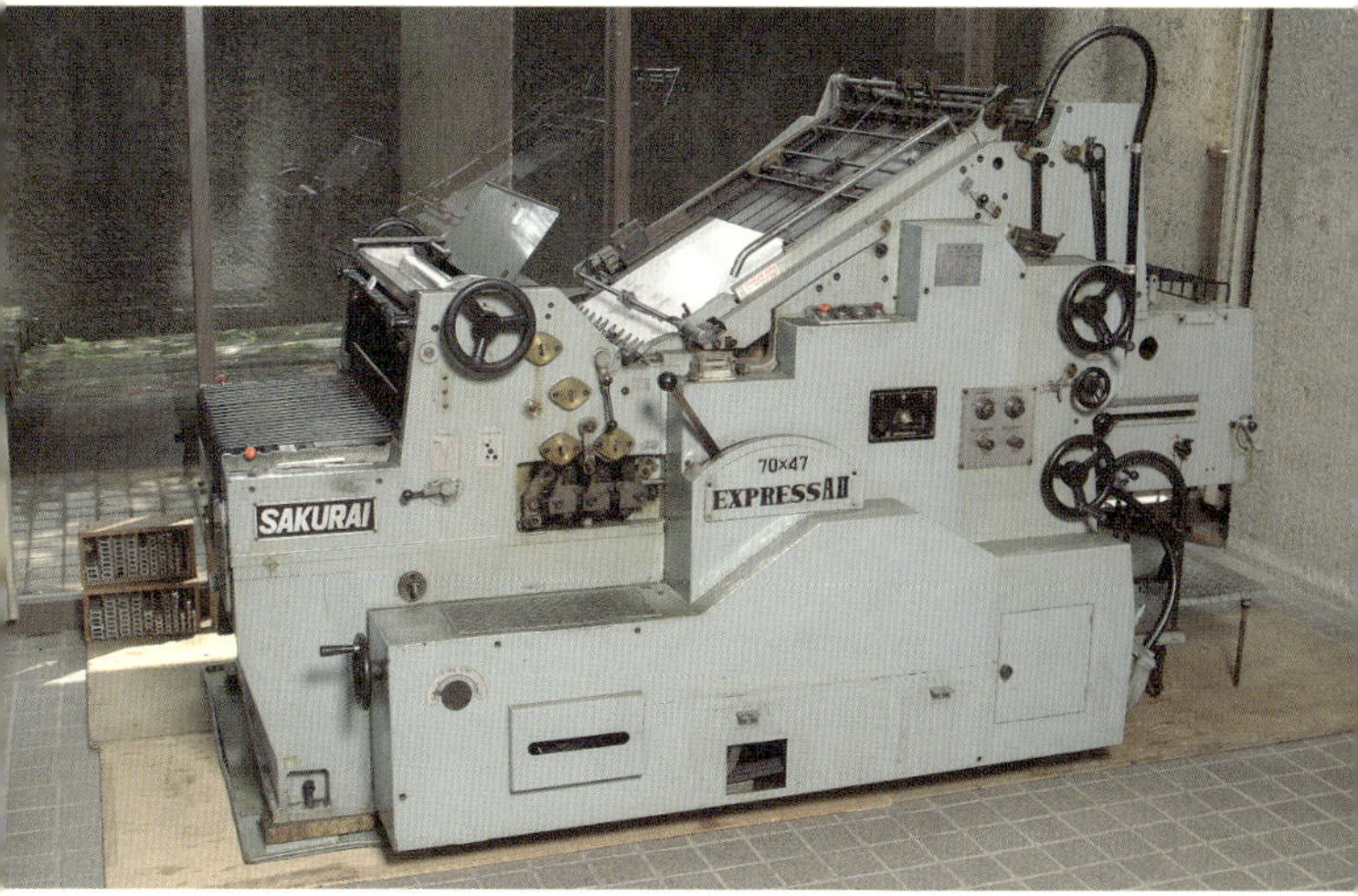

活版印刷機

難しい仕事ですが、印刷の仕事はなんといっても紙に刷る仕事が最後の仕上がりです。いろいろ過程の苦労はあっても、印刷が美しくなければ意味がありません。

活字の形がクッキリと印刷されることと、紙に押された印圧の迫力が活版印刷の美しさです。しかしこれを両立させることは、なかなか難しい作業で、印刷所ではさまざまな工夫をこらしたものです。

本づくりの工程として、活版印刷はこれで終了です。刷り上がった紙は製本所が引き取り、製本という本づくりの次の工程に進みます。

●鋳 造

印刷や紙型取りが終わった組版は、再利用のためバラバラにされます。これを解版《かいはん》といいます。バラバラにされた活字と、アルミや亜鉛合金が含まれているインテルなどの込めものを分けます。これが解版の重要な仕事です。鉛合金でできた活字は使用後には溶かして、鋳《ちゅう》造《ぞう》を行うからです。

活字鋳造は一連の印刷の工程とは別になりますが、活版印刷にとっては重要な仕事です。活版印刷に携わる人の中には、印刷の役目を終えた活字が鋳造で再び甦《よみがえ》るところが活版印刷のロマンだという人もいます。

活字を溶かして再利用しますが、それだけではスズなどの成分が蒸発して少なくなってしまうことがあります。不足成分を監視して、必要な補給を行うことも大切な仕事です。

活字合金の成分は、グーテンベルク以来の伝統が生きており、鉛、スズ、アンチモンの三元合金です。配合は鉛が七〇から八〇%、アンチモンが一二から二〇%、スズが一から一〇%程度の割合です。

活字鋳造は手鋳込《いこ》みから機械鋳造に進化していきましたが、母型を鋳型《いがた》にセットして溶かした鉛合金を流し込むという原理は不変です。グーテンベルクの秘法ともいわれた、活字鋳

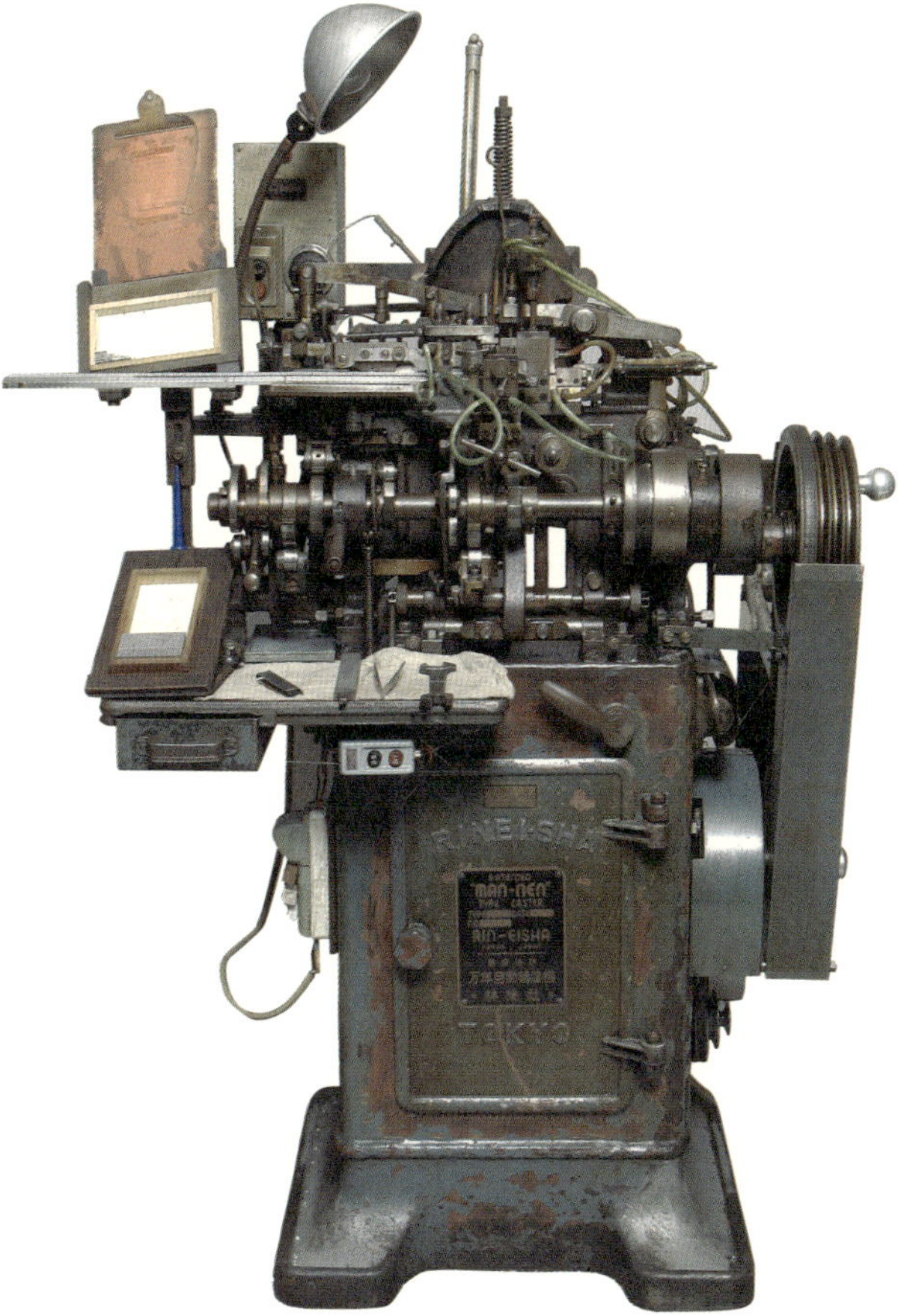

自動鋳造機

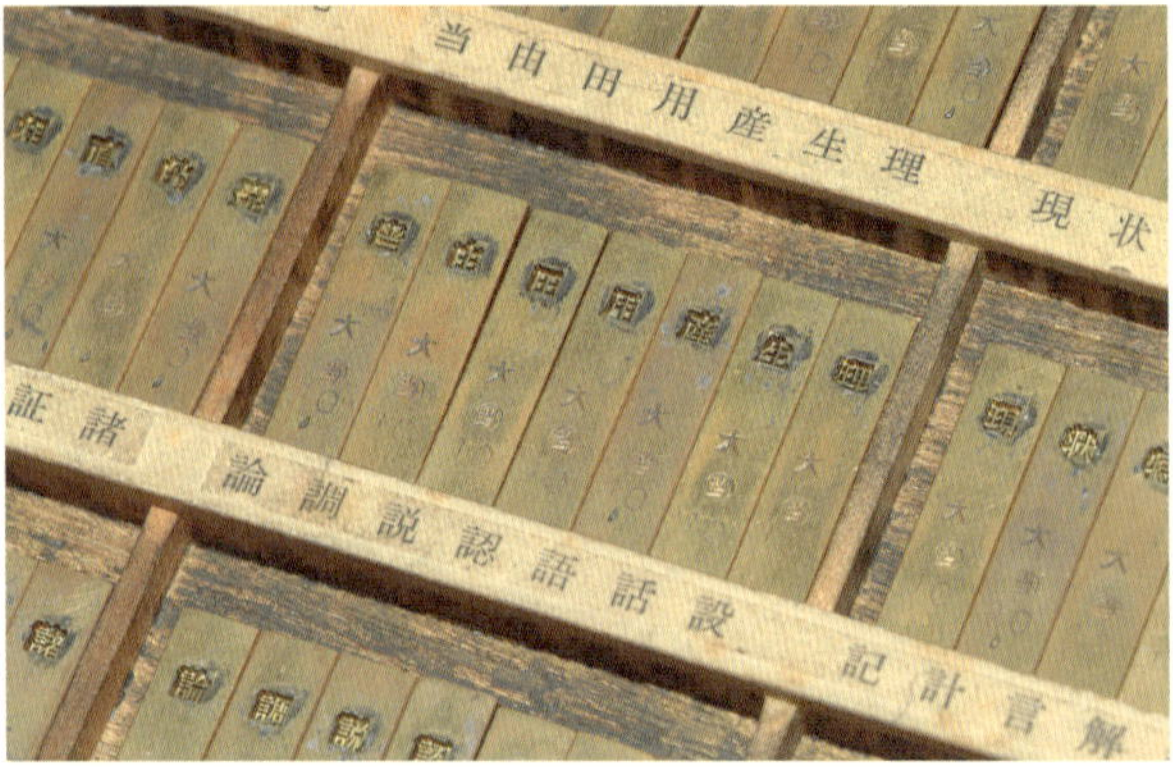

活字母型

造の技術は五〇〇年にわたって受け継がれてきたわけです。

鋳造された活字は文選に渡されます。これを活字棚に詰め込むのは、文選工の見習いの仕事です。見習いは仮名ケースに活字を詰め込む仕事からスタートし、次には漢字ケースに移ります。この仕事は、文選工になるための準備期間ともいうべきものです。

最後に鋳造の説明をして、話はまた文選に戻ってきました。活版印刷が、一種のリサイクルシステムの上に成り立っていることがよくわかります。

しかし時代は移って、現在の精興社では活版印刷は行っていません。精興社ばかりでなく、日本のほとんどの印刷所で、活版印刷は行われなくなりました。コンピュータ技術の進歩は、グーテンベルク以来のシステムに大きな転換をもたらしたのです。

2　ポスト活版時代の到来

一九七〇年代に入ると、長い間研究されてきた電算写植機《でんさんしゃしょくき》がいよいよ実用の段階に入ってきました。

日本語電算写植の開発には、二系統の流れがありました。一つは写真植字機メーカーによる開発、もう一つは大手印刷会社とコンピュータメーカーの提携です。写真植字機メーカーでは写研《しゃけん》（石井茂吉が創業）が牽引車《けんいんしゃ》となって六〇年代から製品化を進めましたが、モリサワ（森澤信夫が創業）も八〇年にドイツのライノタイプと提携して開発を進めます。書体などソフトの面で優良な資産を持つ写真植字機メーカーは、八〇年代には印刷会社に浸透し確実にシェアを獲得します。

一方大手印刷会社と提携したコンピュータメーカーは、やがてこの分野から撤退します。しかしここで得たノウハウを日本語ワードプロセッサの開発やコンピュータの日本語処理に活かしていきます。凸版《とっぱん》印刷や大日本《だいにっぽん》印刷などでは、この頃開発したCTSに改良を加え、その後の本づくりの主役になっていきました。

書籍印刷の世界では電算写植機の導入に先んじて、活版からオフセットへの切り替えが進みました。では電算写植導入以前に、オフセット印刷はどのように行われていたのでしょう。活版の場合には文選から順を追って説明しましたが、今度は逆に刷りの段階からさかのぼる形で説明します。

オフセット印刷の原理は、前の章でも説明しましたが、刷版から一度ゴムのローラーに刷り、それをまた紙に刷るというものです。この刷版はPS版と呼ばれる、親水性《しんすい》を持たせたアルミ板に感光《かんこう》剤を塗ったものです。これにフィルムを密着させ、光を当てて感光させます。これを現像するとインキが付く部分ができあがり、光の当たった部分はスポンジのように水を含んだ親水性のアルミ板となって、インキをはじく性質を持ちます。

ではこのフィルムはどのようにつくるかというと、もとになる版下《はんした》をカメラで撮影してつくります。精興社では版下から直接密着でフィルムをつくる、ダイコン(ダイレクト・コンバージョン)というやり方をとっています。フィルムの過程にはいくつかの方法がありますが、いずれにしても、もとになる版下が必要です。

電算写植機は、この版下を印画紙《いんがし》の形で出力するものです。印刷所によっていくつかの方法がありますが、わかりやすい形で説明すると、出力した印画紙を面付《めんつ》け台紙に張り込んで版下をつくります。

電算写植導入前には、この印画紙に当たる部分を活字原版から清刷《きよずり》(活字から刷りとる版下にも使えるきれいな印刷物)をとってつくっていました。つまり組版は活字で行っていたわけです。移行期ともいえるこうした過程があったのは、さまざまな事情がありましたが、書籍印刷の世界では問題の一つとして、活版時代の紙型が限界に近付いていたということがあります。

活版印刷のところでも説明したように、版をとっておくための紙型は、折ることも重ねることもできないため、その保管には多くのスペースを必要としました。また紙型には、版を重ねる度に縮小するという欠点がありました。古い出版物を実際に見ると確かめることができますが、版を重ねるごとに印刷面が小さくなっています。しかも溶かした鉛合金を流し込むわけですから、どうしても傷《いた》みが出てきます。

こうした問題を解決する手段として、紙型、すなわち版のフィルムによる保存が考えられました。同時にこれは、活版からオフセットへという印刷方式の転換を促しました。

もちろんオフセットへの転換は、たんに紙型の問題だけではありません。印刷業界全体に熱を使って鉛を溶かす「ホット・タイプ・システム」から、電算写植機やオフセットを用いた「コールド・タイプ・システム」への転換という、大きな流れがあったのです。

しかし、日本の電算写植機が書籍印刷の組版に対応できるようになるのは、八〇年代も半ばです。活版で組んでオフセットで刷るというシステムは、それまでの移行過程として行われました。

精興社でも新刊をこの方法で印刷しながら、同時に紙型をフィルム化する作業を続けました。久保庭さんは当時を振り返ります。

「まず紙型から鉛版をおこします。当初はこれを印刷機に組み付けて、清刷を刷っていました。しかしインキで刷ると、どうしても若干の潰れや滲《にじ》みが出ます。これを解決したのが、ダイヤプレスという機械でした。

これは元々ドイツで生まれた技術ですが、鉛版の上にカーボンと用紙をのせ、この上から印刷機のような圧力ではなく、小さな金属のボールを大量に転がします。このやり方だと潰れや滲みが出ず、非常にきれいな清刷がとれました。これをもとに、フィルム化を進めていったのです」

活版からオフセットへの移行期には、このようにフィルム化という方法で古い版を残してきました。現在では印刷された古い版面をコンピュータに取り込み、デジタル化で対応しようとしています。わずか三〇年ほどの間に、次々と大きな技術革新を迎えた印刷業界の様子がうかがえます。

今ではコンピュータ・タイプセッティング・システムの略として使うことが多いＣＴＳは、この当時「コールド・タイプ・システム」の意味で使われていました。ホットからコールドへ、ということがかけ声のように言われていた時代でした。それが求められた背景には、当時の印刷業界をめぐるさまざまな問題がありました。

経営の問題として大きかったのは、活版からオフセットに代わると大幅な省スペース化が図れたことです。これは都市部の地価が高騰していた日本では、大きな恩恵でした。

もう一つには、人の問題がありました。活版印刷はグーテンベルク以来の歴史を持つ、職人仕事の世界です。そのため一人前の職人になるまでには、長い修業期間が必要でした。このことは経営の負担というにとどまらず、作業環境の問題と相まって若い人材の確保が難しいという事態も引き起こしていました。

現在印刷所を訪れると、どこもたいへん明るく清潔な職場です。とくにコンピュータ機器が並んだ組版や製版のセクションは、まるでオフィスビルのようです。しかし一九七〇年代から八〇年代にかけて、印刷業や製本業は３Ｋ（キツイ、キタナイ、キケン）のレッテルを貼られ、就職先として人気が高いとはいえませんでした。

久保庭さんは、当時の様子をこう話します。

「キツイという意味では、かつての印刷工場ではすべてが立ち仕事でした。文選は、何千種類もある活字が入った棚の中から拾うので、これは一日中立って行う作業です。植字も同様に立ち仕事。刷りの工程に入れば、これも機械を相手に一日立ち仕事。当時印刷所で座っている人といえば、内校《うちこう》(「ないこう」ともいう。印刷所内部で行う校正)と経理などの事務仕事をする人ぐらいでした。

それに活字は鉛を中心とした合金でできているため、まとまった版になるとかなり重く、重いものを扱うということで重労働というイメージがあったようです。また印刷所はインキを扱うので、作業服や手足にそれがつくことがあります。けっして不潔ではないのですが、汚れるというイメージはあったと思います。

印刷用紙を切る断裁機《だんさいき》や高速で回転する印刷機は、確かに危険な面はありました。鋳造のように高熱のものを扱う部門もありました。まあ、3Kといわれれば、確かにそういう面もあったかもしれませんね」

日本の印刷会社も、大きな波を乗り越えて新しい時代を迎えました。それぞれの印刷会社には、それぞれの乗り越え方がありました。次に精興社を一つの事例として、転換期に遭遇した印刷界の姿を見てみます。

●活版時代の精興社書体

精興社は大正二(一九一三)年、東京神田に東京活版所として創業しました。現在の精興社に社名が改められたのは、大正一四年です。

創業当時の東京活版所では印刷機数台を置き、もっぱら刷ることを中心に仕事をしていたようです。しかし創業者の白井赫太郎《かくたろう》は、印刷業としてよりレベルの高い仕事を受注するには、やはり組版から手がけなければならないと考えました。のみならず白井の考えはさらに一歩進み、他の印刷会社と同様の活字を用いるのではなく、自社独自の活字を開発しようという構想を持つに至りました。

しかし二六文字のアルファベットとは違い、日本語を印刷するには数千種類の活字を必要とします。現在の書体開発はコンピュータを使って行われていますが、それでも一書体二〇〇〇字近い文字を作るとなると、一年以上を要する大仕事です。ましてこの当時の活字作りは、柘植《つげ》の木を一つひとつ彫る活字彫刻というやり方でしたから、まさしく一大事業という

週補安
隨與築
陳兵明
除裁朝

築地書体の刷り見本
（嘉瑞工房）

交迄安
髪園附
苗痘皆
迎罹輛

秀英舎書体の刷り見本
（嘉瑞工房）

べきものでした。

白井が活字開発を依頼したのは、君塚樹石《じゅせき》でした。君塚は今日、活字彫刻家として築地《つきじ》体の竹口芳五郎、竹口庄太郎や秀英体の川村鋹太郎《りょうたろう》と並んで語られる存在です。精興社の印刷物が、君塚の生み出した書体によって高い評価を受け、君塚もまたそれによって日本の印刷の歴史に名を残しました。

君塚は白井の要請を受けてこの仕事に専念しましたが、完成までには三年の月日が必要でした。他の明朝《みんちょう》に比べやや細身で流麗《りゅうれい》な精興社書体は、世に出ると高い評価を受けましたが、精興社書体の特徴を活かすには、高度な印刷の技術も必要でした。

実は現在デジタル書体に変換された精興社書

体と、最初に君塚が作ったものとではやや形が違っています。それはデジタル化されたときに変わったのではなく、昭和三〇(一九五五)年頃に活字の製造方法が、それまでの蠟型電胎《ろうがたでんたい》法《ほう》からベントン彫刻機を用いる方法に移行したとき、君塚自身が修正を加えたものです。

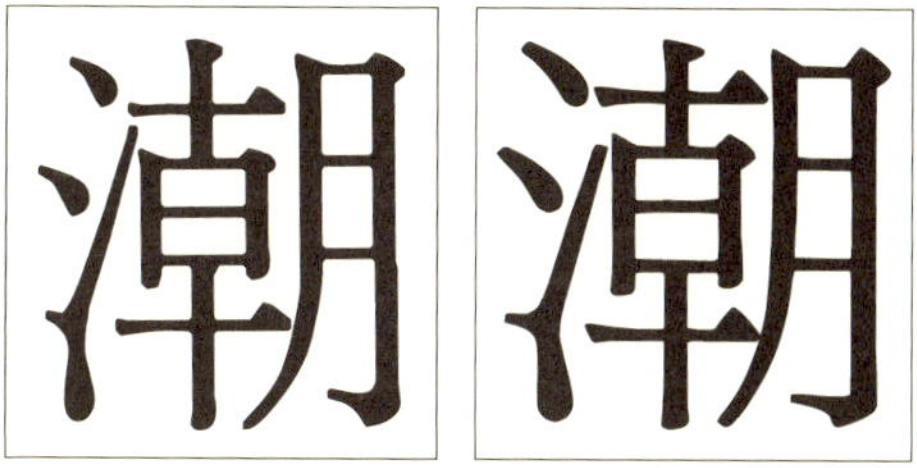

左が精興社書体．右は本蘭明朝．精興社書体の方はやや縦長で，柔らかい姿をしている

電胎法というのは明治三(一八七〇)年頃に、長崎の本木昌造《もときしょうぞう》を中心としたグループが、アメリカ人のウィリアム・ガンブルを招いて導入した方法です。メッキの技術を応用した電胎法は、柘植に彫刻された活字父型(凸《とつ》型)を用いるもので、日本の活字製造の源流でした。

パントグラフ(ある形を拡大したり縮小したりする機構)の原理を応用し、より正確な活字母型(凹《おう》型)を製造できるベントン彫刻機も、明治の終わり頃には日本に入ってきましたが、高価だったためそれほど多くは普及しませんでした。しかし、特許権が切れた第二次大戦後に日本でも大量に製造が始まり、従来の方法に取って代わりました。

活版印刷の時代もこのように、新技術が現れることにより設備や方式が変わることがありました。印刷が近代工業である以上、常に技術革新の荒波にさらされてきた結果といえます。

●デジタル精興社書体の誕生

精興社では一九八〇年代に入り、電算写植による組版とオフセット印刷の導入が検討されます。このとき問題となったのは、精興社書体が電算写植では使えないことでした。しかし時代の要請から、組版は電算写植、印刷はオフセットという新しい設備への移行は待ったなしでした。

精興社では活字からおこした清刷《きよずり》をもとに、写真植字機メーカーと電算写植への移植を研究しました。しかしこの段階では、経費的にも時間的にもすべての文字の移植はほとんど不可能で、特徴がよくわかる仮名だけを移し、他の明朝体と組み合わせるという方法をとるしかありませんでした。

精興社書体のすべての文字を電算写植に移す作業は、一九九〇年代になって本格化します。平成三(一九九一)年から久保庭さんは自ら機械に向かい、デジタル精興社書体の作成にかかります。その当時の様子を久保庭さんにうかがいました。

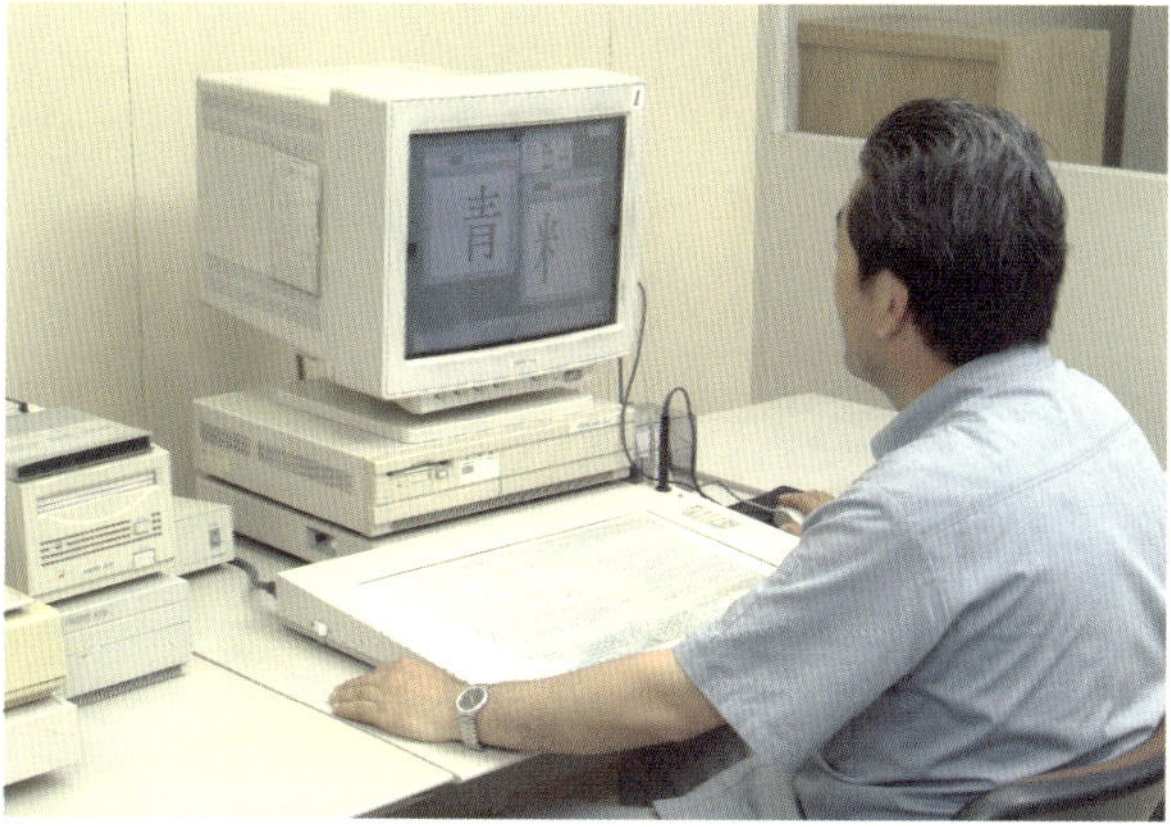

デジタル書体の作成作業

「すべての文字の一〇ポイントの清刷が残っていましたから、これを三六〇%に拡大してスキャニングするところから始めました。小さいものを大きく拡大するわけですから、輪郭は当然ギザギザです。しかも当時はまだアウトラインではなく、ドットで表示されていましたから、この一つひとつのドットを丹念に動かしていく作業でした。

　直線はまだよかったんです。曲線が難物でした。なにしろドット表示ですから、滑らかな曲線は見えないわけです。モニタでこれくらいならば結果はこれくらいという、一種の勘《かん》のようなものを身につけなければなりませんでしたね。

　曲線だけでなく全体の形も、モニタ上これでいいかなと思い印画紙に出力してみると、これがまた微妙にニュアンスが違う。結局こういうことは、

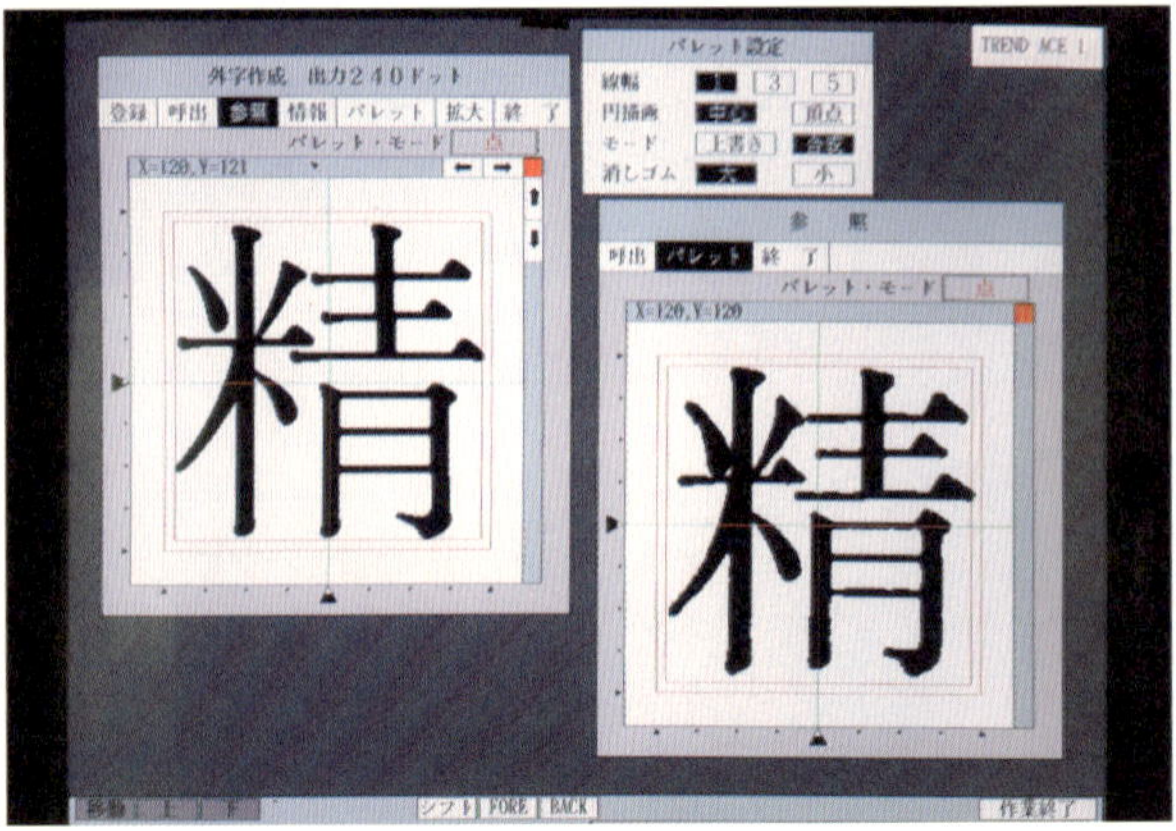

デジタル書体作成の作業画面．右のような画像を左のようにする

経験で解決するしかありません。これに慣れるまでにも、ある程度の時間がかかりました。私が始めた頃は、一つの文字を作るだけで最低一時間は必要でした。

しかも、文字は単体で見ていてもだめなのです。実際には縦横に組んで使用されるわけですから、縦横それぞれのセンターラインがぴたっと揃わなければ使えません。これも文字のニュアンスを読み取る微妙な作業でした。

もう一つ難しかったのは、もとになった文字そのものの問題です。活版印刷というのは、圧力をかけて文字を刷るシステムです。だからどうしても印刷された文字は多少潰れます。活字時代の精興社書体は、この印刷時の潰れをある程度計算してつくられていました。つまり清刷の通りにつくったのでは、オフセットで印刷した場合弱くなってしまうんです。しかし太くするといっても、これも実に微妙な匙加減《さじかげん》でした。結局この作業には、コンピュータのプロではなく、精興社書体を熟知した鋳造技術者でなければ無理だろうと考えました。そして当時はまだ、そういう人材が我が社にはいたのです。実はかくいう私も、鋳造の出身なんです。

とにかく手間がかかる作業だということは分かりましたが、同時にこれは一つの文字に一つずつつくればよいので、なんとか行けるぞという確信も持てました。そこで平成三年から、二人の人間を配置してこれに当たらせたのです。八〇〇〇以上の文字を、先程言ったようなスピードでやるわけですから、やはり大変な時間と労力です。結果的に完成までには、七年かかりました」

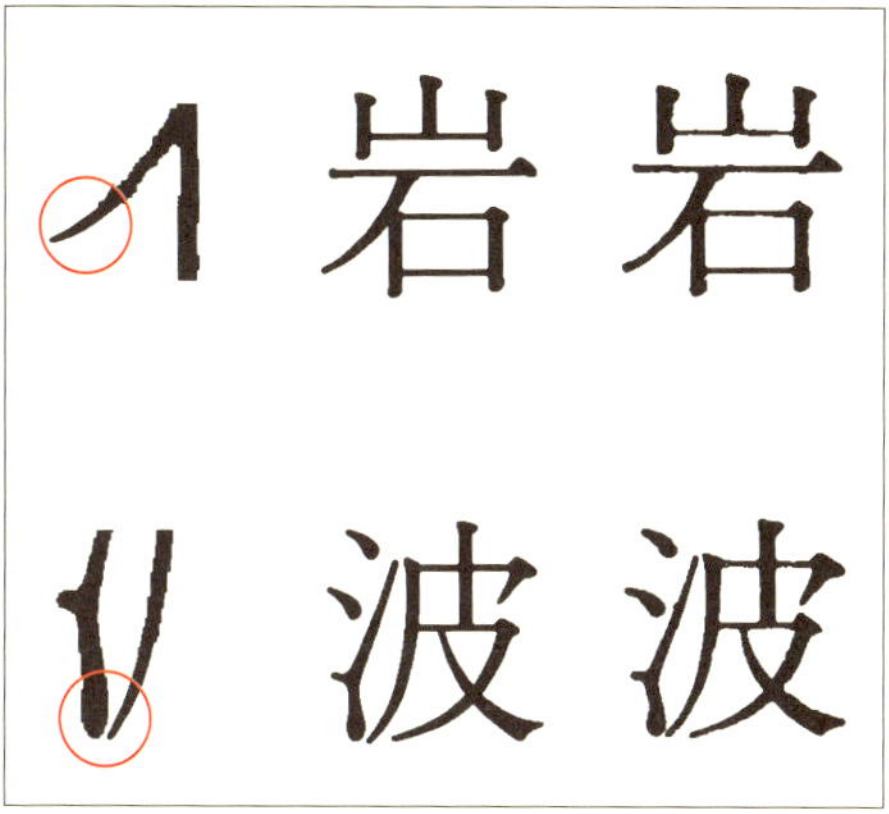

右がスキャニングした画像で，真ん中が修正をしたもの．左の丸で囲んだ部分は修正途中のもの

現在精興社書体はアウトライン化され、完全にデジタル化が完了しています。つまり、最新のＤＴＰのシステムに乗せることも可能な段階にまできているということです。

印刷の世界は今次々に新しいテクノロジーが登場し、その方向性を見極めることは大変難しい状況です。かつて巨大なシステムだった電算写植は、いまではパソコン一台で同様の機能が果たせるようになりました。また何工程も必要だったカラー印刷の四色の分版フィルムも、いまではパソコンからダイレクトに出力できます。五〇〇年間変わらなかった活版印刷が駆逐《くちく》されたような事件が、毎月のように起こっているのが現在の印刷の世界です。

ただそうした慌ただしい動きの一方で、印刷の本質を見直そうという動きも出てきました。それは美しい文字、美しい組版をもう一度考え直そうということです。精興社書体のデジタル化は、そうした動きに呼応しているようにも見えます。

ではデジタル化が進んだ現在の青梅工場では、どのように印刷の仕事が進められているのでしょう。実際の作業過程にそって、それを見ていきます。（ところで、一一四ページの頭から本文の書体が変わったことにお気づきでしょうか。これがデジタル精興社書体です）

3　本づくりの実際

印刷会社の本作りは、顧客である出版社から原稿が入稿《にゅうこう》されるところから始まります。出版社からの原稿には、どのような本にするかの指示が入っています。これを原稿指定《げんこうしてい》(あるいは指定)といいます。

受注した印刷会社の営業マンは、その指定を見て工程を考えます。ここでは一般的な書籍を印刷する場合の仕事の流れを追ってみます。

文字入力：フロッピーなどでテキストデータが渡される場合、この工程はありません**→画像入力**：写真などの画像を組み込む場合は、それを**スキャニング**してデータ化します**→組版**：画像があればここで組み込みます**→内校**：誤りがあれば組版に戻します**→校正**：岩波書店では初校、再校、三校と通常三回の校正を受けます。赤字が戻ってくる度に、組版で**差し替え**をします**→校了→下版→フィルム出力(面付け)→青焼きチェック(誤りがあれば訂正)→刷版→印刷**

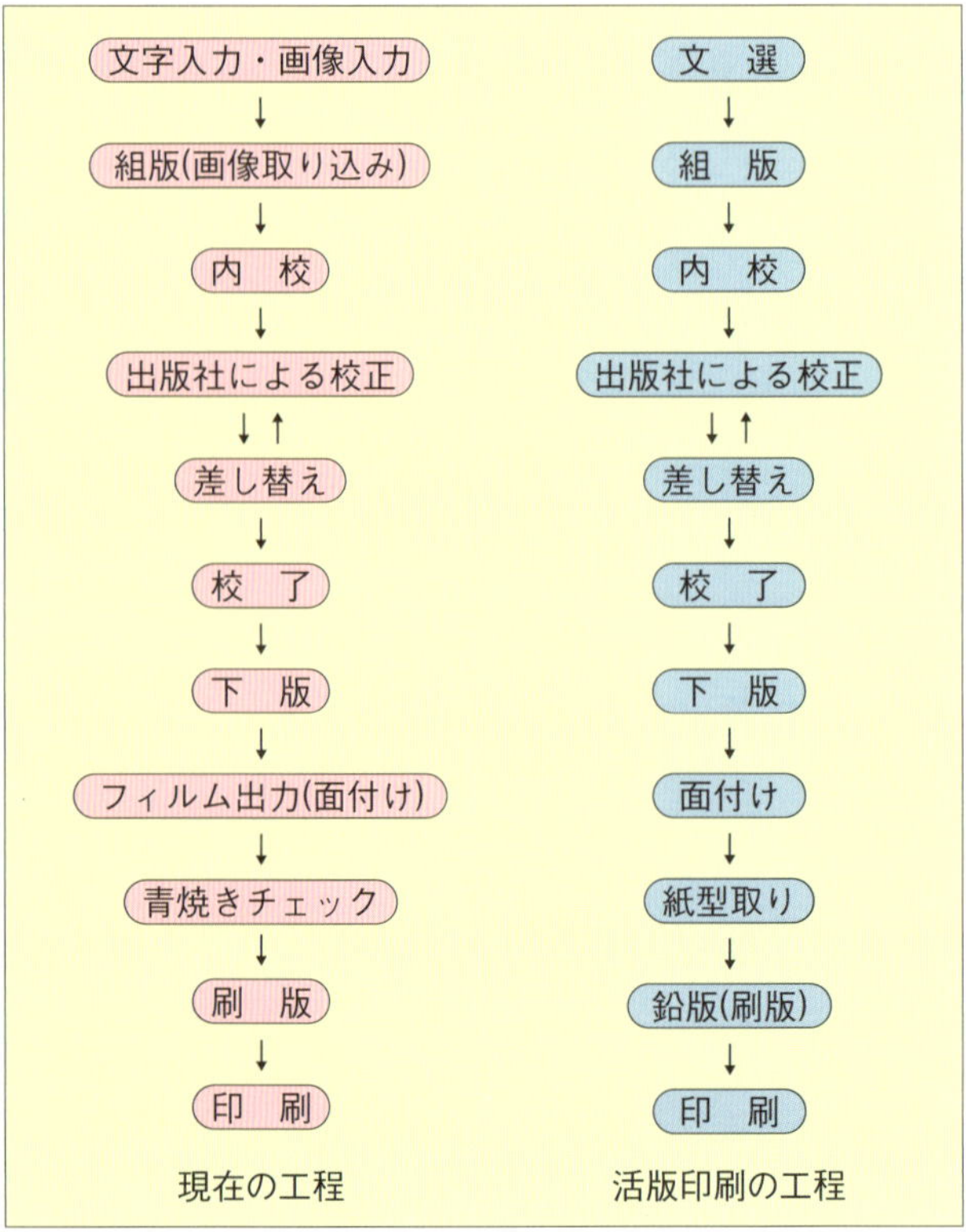

活版とオフセットの工程比較図

この流れに沿って、印刷会社の仕事を見ていきます。

●文字入力

文字入力には、仮名変換《かなへんかん》とフルキー入力という二つの方法があります。仮名変換はワープロやパソコンを使った入力で、印刷会社では社外に注文を出すケースが多いようです。やり方は通常のワープロ入力と同様です。

フルキー入力というのは電算写植機が開発された時に考えられたもので、ワープロのように変換をするのではなく、一文字ずつ入力する方式です。通常一つのキーに何文字かが割り当てられており、別の操作キーでその中から選択して入力していきます。これは印刷会社内部で行います。

印刷会社ではなぜこのように二種類の方法があるのでしょうか。またこれはどのような基準で、振り分けられているのでしょうか。

「基本的には、仕事の内容で選択しています。学術論文などのように、難しい漢字が多い原稿は、フルキー入力の方がスピードも速く誤りも少ないのです。一般にはワープロなどを

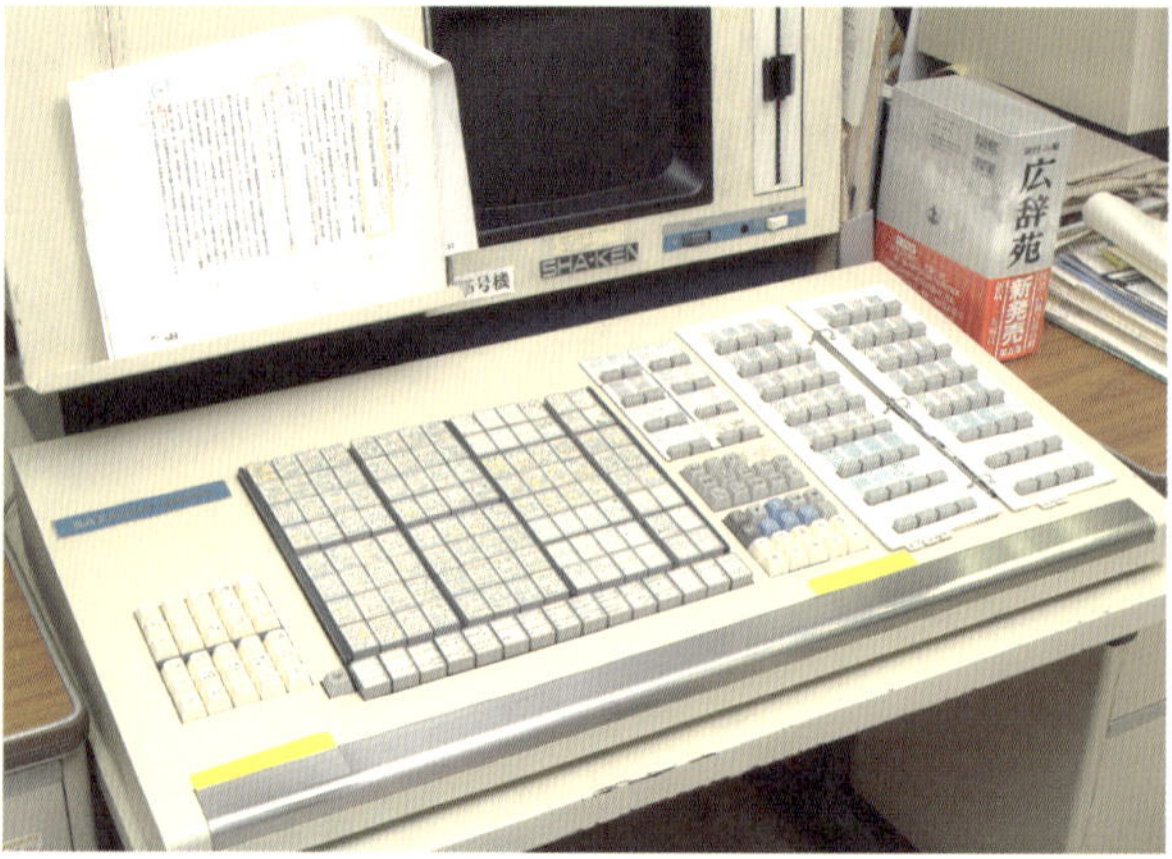

フルキー入力の電算写植機

使う仮名変換の方が早いと思われがちですが、熟練したオペレーターになるとフルキー入力の方がスピードでも上回ります。

また仮名変換の場合、どうしても同音異字の間違いが発生します。これが防げるのもフルキー入力の強みです。とくに外字《がいじ》(ＪＩＳの漢字コード外の文字)が多い原稿は、内部の入力機でないと対応できません。印刷会社では過去の蓄積から、多くの外字がストックされています。

精興社では電算写植機を導入した当初から、すべての外字に対応することを原則にしてきました。ハングル文字や簡体字《かんたいじ》(字体を簡略化した中国の漢字)などは、初期の電算機にはありませんでしたが、それらもすべて作字《さくじ》で対応してきました。現在では二万七〇〇〇を超える外字のストックがあります。

外字が少ない一般的な原稿の場合は仮名変換で行いますが、こちらはオペレーターの数も多いので、原稿を分散して時間を短縮できるメリットがあります。同音異字が入る可能性は高くなりますが、これは内校の努力でカバーするようにしています」

●画像入力

最近まで電算写植機には、画像を扱う機能がありませんでした。しかしパソコンの機能が向上するとともに、ハードウェアはパソコンが主体となり、電算写植機の技術はアプリケーション化されていきました。現状としては、電算写植機というよりも、日本語組版ができるレイアウトソフトのようになってきています。

精興社の場合、カラー印刷は朝霞工場で行っています。青梅工場で扱う画像は、モノクロです。かつては製版《せいはん》カメラで撮影し、フィルム撮影された文字部分と合体させていました。現在はほとんどの工程がデジタル化されたことと、フラットベッドスキャナの性能が向上したことにより、スキャンした画像を手直しすると、そのまま組版データに取り込むことができます。

組版作業

活版時代はもちろん、電算写植でも書籍のゲラには、画像が入らないのが当たり前でした。ゲラを受け取った編集者が、これにコピーなどを貼って校正していました。DTPの時代になってレイアウトソフトに画像が取り込めるようになると、出版社からは画像を入れてほしいという要望が高まり、印刷会社も次第にこれに対応するようになりました。

●組版

入力したりフロッピーで入稿されたテキストデータを、ここで書籍の版面の形にしていきます。基本的には書き込まれた出版社からの指示に従って作業を行いますが、出版社と印刷会社の間ではいちいち指示しなくてもよい約束事があります。出版社のハウスルールといわれるもので、句読点《くとう》のぶら下げ組（テンとマルを行の終わりにはみ出させる組み方）や行頭や行末の禁則（受けの括弧《かっこ》類を行のはじめに組まないなどの約束事）などがそれです。

活版時代植字工が行っていた組版は、文字を組むことが仕事でした。電算写植の時代に入っても、それは同様でした。ところが現在では写真やイラストなども扱うようになり、組版の仕事の幅は広がってきました。活版時代の植字も熟練を要する難しい仕事でしたが、現在の組版はそれとは違う意味の難しさがあります。

そのような事情に関係しているのかもしれませんが、久保庭さんからこのような指摘がありました。

「活版では差し替えの赤字は、文選が拾っていました。植字はそれを赤字を見ながら差し替えていったのです。ですから差し替えが終わった後、その活字が余ったり足りなかったりするだけでチェックができたわけです。また活字というモノを動かしていますから、作業をしているうちにこれがここに来るはずがないな、という具合に気がついたのです。つまり、モノを動かすということと文選とのダブルチェックが働く作業でした。

ところが現在の差し替えは、まったく一人の作業です。しかも画面の上を目で追っているだけです。

現在はそれを補うため、差し替えの後にもう一度ベテランに確認させる過程を入れています。常にゲラの精度を上げていくことも、私たちの重要な仕事です」

組版作業をしているモニタには、電磁波を防ぐガードが付けられ、目の疲労を防ぐため輝《き》度《ど》も非常に抑えられています。立ち仕事で一日植字台に向かっていた昔も大変でしたが、こうして一日モニタに向かって急ぎ仕事に対応するのも、テクノストレスに晒《さら》される厳しい仕事です。

組版の後には、印刷所内部で校正を行う内校という作業があります。ここで誤りがあれば、再び組版に戻されます。

●青焼きチェック

青焼《あおや》きは、製版フィルムを感光紙に焼いたものです。この感光紙が青いので、青焼きと呼んでいます。ですから本来は次のフィルム出力の後に来る工程ですが、訂正があると出力のし直しということになるので、ここで説明します。

少し前まで電算写植から出るゲラには写真や図は入らず、製版カメラで撮ったものを後工

内　校

程で文字と組み合わせていました。これを確認するために、フィルムを青焼きで出して校正していたのです。現在は、写真や図はほとんどゲラで確認できます。

●フィルム出力（面付け）

紙を半分ずつ三回折り、袋になった部分を切ると、一六ページの冊子状のものができます。本はこれを一つの単位にしています。一六ページに折ったとき、ページが順番に並ぶように版面を配置することを面付《めんつ》けといいます。

電算写植で印画紙やフィルムを出力していた時代には、出力後に面付け作業があり、これがなかなかの手間でした。現在は組版データから印画紙を介さずに、自動で面付けポジフィルムを出力することが可能になりました。これをCTF(Computer to Film)といいます。

また新しい技術としてCTP(Computer to Plate)という、フィルムを介さずに刷版を出力する方式もあります。フィルムを出力しない分コストと時間をセーブできますが、現状ではフィルムの方が信頼性で優っている部分もあります。

●刷版

オフセット印刷の刷版はPS版と呼ばれる、親水性を持たせたアルミ板に感光剤を塗ったものを使用します。これにフィルムを密着させ、光を当てて感光させます。現像すると光の当たらない部分には油性インキが着く部分ができあがり、光の当たった部分は水を含んだスポンジのように親水性のアルミ板となって、油性のインキをはじきます。このようにオフセット印刷は、水と油の反発を利用したものです。

●印刷

オフセット印刷は、水との戦いといわれています。水と油の反発を利用するのがオフセッ

ダイレクト・コンバージョンの面付け台紙

ト印刷ですが、水が多いとインキ面に水が混じり、乳化《にゅうか》作用という現象が起きます。しかし少なければ紙を汚すことになるため、このバランスは微妙で難しいものです。明朝の細い線がきれいに出るように、調整をしながら進めます。

また紙によって、印刷の濃淡が出ないようにすることも大切です。インキの温度は、朝昼夕と時間の経過とともに機械の温度や室内の温度の変化で微妙に変化していくため、絶えず刷り上がりを見ながら調整します。紙によっては紙の粉が多く発生するものがあり、これが刷版を汚すことがあります。

このような調整の過程において出てくる

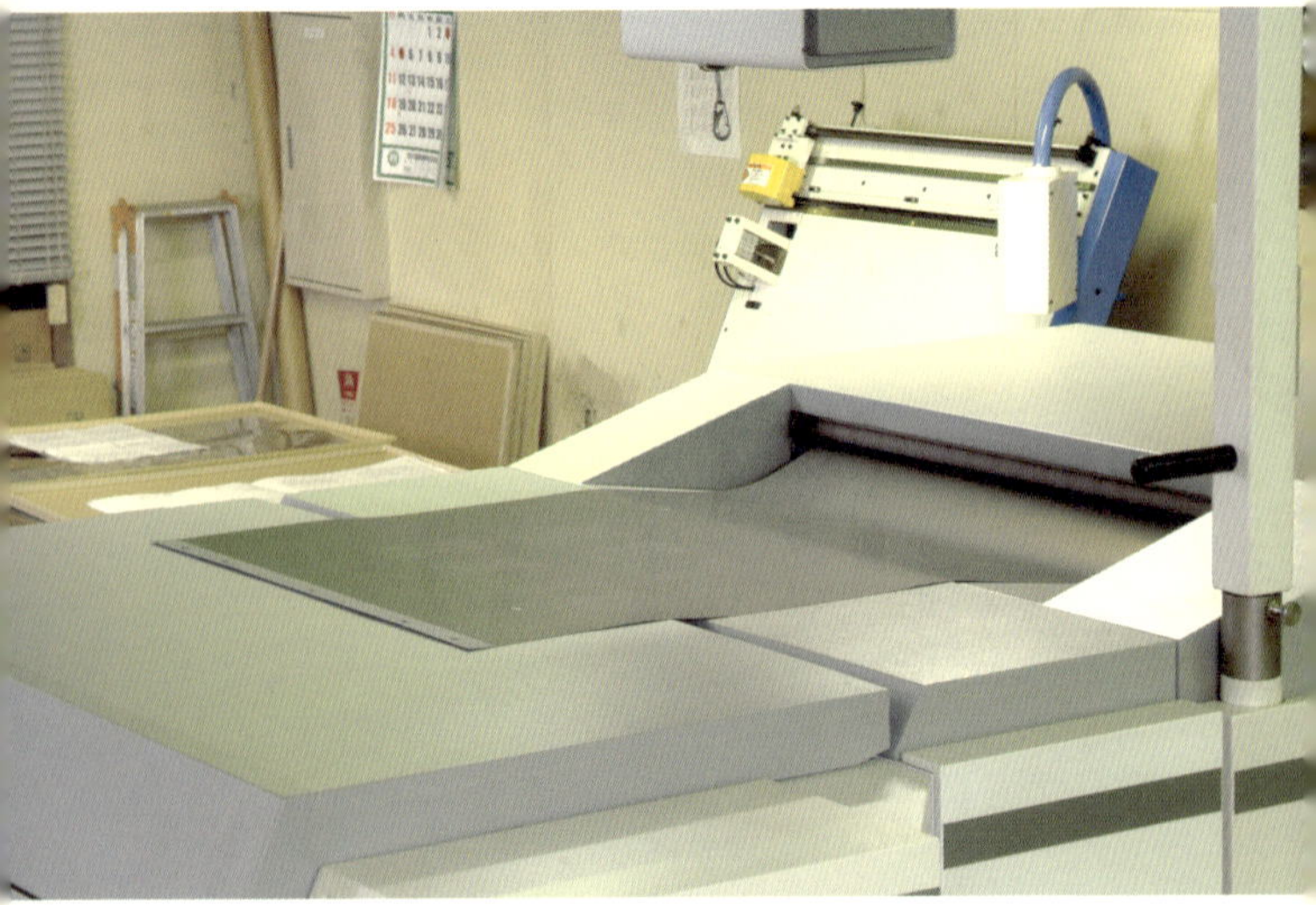

フィルム出力

汚れた紙をやれ紙《がみ》といいます。印刷の際には、製造数量にプラスして予備の紙が支給されており、その範囲内で仕事をうまく仕上げるのも、作業者の腕の見せ所です。一度印刷されたやれ紙は、機械の調子を出すために再度使われます。

印刷は最新のテクノロジーが利用される、近代工業です。最近ではかつての職人仕事を機械が引き受けてくれる部分が、どんどん増えています。しかしそれでも印刷には、温度や湿度、紙の状態に影響される部分が多くあります。機械化が進んでも、なお職人的な感覚が求められている仕事といえます。

刷版を焼く

精興社のDTP部門

DTPは一九八五年に、アメリカアップル社のマッキントッシュ(Macintosh)というパーソナルコンピュータとレーザーライター(LaserWriter)というプリンター、アルダス社のページメーカー(PageMaker)というレイアウトソフト、それにアドビ社のポストスクリプト(PostScript)というページ記述言語を組み合わせる試みから始まりました。本来は、デスクトップ・パブリッシング(Desktop Publishing)の略称で、パーソナルな出版を行うことを意味したものです。

しかしハードウェアとアプリケーショ

青梅工場の単色オフセット印刷

ン・ソフトの進化によって、それまで印刷会社の高価な設備でなければできなかった、プリプレス(刷版までの印刷前工程)の部分をパソコンで処理できるようになり、一九九〇年代半ばにはＤＴＰによる本格的な出版が行われるようになりました。

この頃から日本では、印刷会社がＤＴＰ環境で印刷物を作成することもＤＴＰというようになり、一部本来の意味からは離れてきている面もあります。日本におけるＤＴＰは、出版社(者)がデータを作成して印刷所に渡す形態と、印刷所がＤＴＰ環境で作成するものの両方を指しているのが現状です。

精興社でも現在、ＤＴＰのラインを稼働

させています。ＤＴＰはこれまでの印刷所の仕事に大きな変化をもたらす面もありますが、精興社ではこれをどのように活かそうとしているのか、同部門の責任者である竹内良雄さんにうかがいました。

「精興社でも一九九五年頃から、マッキントッシュを導入してＤＴＰの可能性を探ってきました。しかし、当時主流だったクォークエクスプレス(QuarkXPress)というレイアウトソフトでは、活版と同等の組版を求められる出版社の仕事には対応できませんでした。

精興社として仕事をする以上、出版社の個別の組版ルールに対応できなければ使えないということになります。エクステンション(クォークエクスプレスに機能を追加するソフト)の開発など、さまざまな試みに挑戦しましたが、なかなかこれをクリアすることができず、仕事としては出版社以外の仕事でもっぱらコストとスピードを求められるものに特化するようなことになっていました。

そうしているうちにＤＴＰの強みだった、画像とテキストを一緒に画面上で処理できる製品を写植機メーカーも出してきました。日本語組版では写植機メーカーが圧倒的な強みを持っていましたから、精興社の仕事はやはりこちらの方向かなという、一種の挫折《ざせつ》感のようなものを味わった時期もありました。

そんななか一九九九年に、アドビ社がインデザイン(InDesign)という日本語版に対応したアプリを発表しました。これによって書籍の仕事にも、DTPの可能性が広がってきました。同時に出版社からの仕事もあり、現在はこの部門も伸びてきています。

印刷会社である以上出版社の要求に答えていかなくてはなりませんし、InDesignでそれは可能になりました。これからは、活版や電算の時代に蓄積したノウハウをDTPのオペレーターに伝えていく、そういう教育が必要になってくると思います。それが、印刷会社が行うDTPに求められているものだと考えています。

また組版だけでなく画像処理の面でも、朝霞工場のカラー印刷のノウハウを伝えていかなければなりません。あらゆる分野でプロのクォリティを追求していきたいと思っています。

DTPの場合、ハードもアプリケーションも一般のユーザーが使うものと同じですから、仕事で印刷会社の特徴や個性を出そうとすれば、オペレーターの能力を高めていくことが重要です。繰り返しになりますが、そのための教育を充実させていこうとしています。貴重なノウハウを持った先輩が多くいる間に、早くそれを進めたいと思っています」

4　色を刷る

精興社は一九六四(昭和三九)年に、カラー印刷の分野に進出しました。当時はすでにオフセットの時代に入っていたので、精興社としては活版(原色版)は経験していないそうです。当初は神田工場でスタートしましたが、一九六六(昭和四一)年には板橋に工場を建てました。ここもやがて手狭になり一九七〇(昭和四五)年、現在の朝霞工場が建てられました。カラー印刷がどのように行われているのか、この朝霞工場を訪ねてみましょう。

現在のカラー印刷は、トータル・スキャナ(コンピュータを搭載《とうさい》して画像処理も行うスキャナ)で画像を取り込むことで、四版の画像データができてしまいます。あとはレタッチソフトなどで画像の調整を行えば、そのまま印刷の工程に持っていけます。実際にはもう少し複雑な作業が行われますが、原理的にはこのようにいうことができます。

しかしこれではカラー印刷の原理的な部分が分かりにくいので、それにさかのぼる四工程の時代、二工程の時代のことを振り返り、その後で現在の工程を説明することにします。

●四工程

朝霞工場生産部副部長の駒野輝夫さんと技術顧問の小島達男さんのお話を聞いてみましょう。駒野さんは印刷技術の専門学校を卒業し、カラー印刷に進出したばかりの精興社に入社しました。つまり駒野さんの印刷人生と精興社のカラー印刷の歴史は、ぴったりと重なっています。

小島さんは、他社の技術者だったところを、後発の精興社にスカウトされる形で入社しました。現在も、朝霞工場の品質全般を管理指導する仕事を続けています。工場の中の壁には、所々に「技術顧問からこのような指摘があったので注意!」などと書かれたメモが貼ってありました。

四工程というのは、次のような手順で行われます。

まず原稿をカラーフィルターを使って製版カメラで撮影し、四版の連続調分解ネガをつくります。これはR(赤)、G(緑)、B(青紫)のフィルターを通して、RからC(シアン)版、GからM(マゼンタ)版、BからY(イエロー)版、R+G+BでBlack=K(スミ)版の四版のモノクロ画像をつくる工程です。これを色分解《いろぶんかい》といいます。(第一工程)

次にこの分解ネガを再び撮影し、ポジを作成します。色分解が不完全なのでこのポジに対し、レタッチを行います。これはほとんど絵を書くような作業で、当時このレタッチを行う人は数人のお弟子さんを持つ先生だったそうです。（第二工程）

これをガラススクリーンを使って網撮りします。これで印刷に必要な網点《あみてん》画像（ネガ）ができます。（第三工程）

画像印刷を理解するには、この網点のことを知る必要があります。写真や絵画のように濃淡が連続的に変化しているものを表現するとき、印刷ではインキに濃淡をつけることができません（印刷ではローラーを転がすように、均一にしかインキをつけられないということです）。

そこでこの濃淡を、網点の大小で表現しています。濃いところは大きい網点、淡いところは小さい網点で、というように印刷しています。カラー印刷は、ＣＭＹＫ各四版の網点の大小とその掛け合わせで、すべての色を表現しているのです。（一五三ページ参照）

ガラススクリーンは、網点をつくるための道具です。濃淡のあるポジの連続調画像とガラススクリーンに光を当てると、光の強いところは大きな網点、光の弱いところは小さい網点となったネガができます。

こうしてつくった画像のネガと、文字などのネガを組み合わせます。このような作業を集《しゅう》

版《はん》といいます。集版したものを反転して、今度は網ポジをつくります。（第四工程）
これで製版の終了です。このポジをもとに刷版をつくり、印刷に進みます。以上が四工程の手順です。

●二工程

二工程ではスキャナが登場します。これは写真的な色分解から、電子的にCMYに色分解できる装置です。一九四〇年にはすでに、アメリカのコダック社によってその原型がつくられていました。一九四六年に出版社のタイム社がこの特許権を買収し、スプリングデール研究所で開発を続けました。

一九六三年に二台のスキャナが日本に上陸します。これは日本の大手印刷会社四社が協同で設立した会社に設置され、本格的に稼働を始めました。このスキャナが、二工程を実現したPDIスキャナです。PDIスキャナは直接網点を形成する方式ではなかったので、コンタクトスクリーンを使って網点を形成する二工程になったのです。

この後一九七〇年代には、レーザーを使って色分解と網点形成を一つの工程で行うダイレクトスキャナの時代になります。これが一工程の始まりです。さらに八〇年に入ると、コンピュータ技術と結び付き画像処理の機能を持ったトータルスキャナが登場します。九〇年代後半には簡易なフラットベッドスキャナが家庭にまで浸透し、スキャナは一般的になりました。

二工程はカラー原稿をPDIスキャナで読み込み、四版の分解ネガをつくるところから始まります。カラーフィルターを使った四工程に比べればかなり良くなりましたが、まだ分解は完全ではなかったので、フィルムマスクを使ってレタッチを行います。(第一工程）レタッチがすんだネガをコンタクトスクリーンを使って撮影し、網ポジフィルムをつくります。ここでドットエッチングという方法で、本格的な画像のレタッチを行います。レタッチが完了すると集版作業をへて製版され、刷版に回ります。(第二工程)

●精興社のカラー印刷

精興社でカラー印刷を始めた当初、小島さんや駒野さんが行っていたのは、四工程と二工程の中間的なやり方でした。まずカラーフィルターを使って原稿をカメラ撮りして四版の分解ネガをつくり、それにスクリーンをかけて網ポジをつくります。

ここまでは「四工程」の第一工程と第二工程にあたります。網ポジに対しては、ドットエ

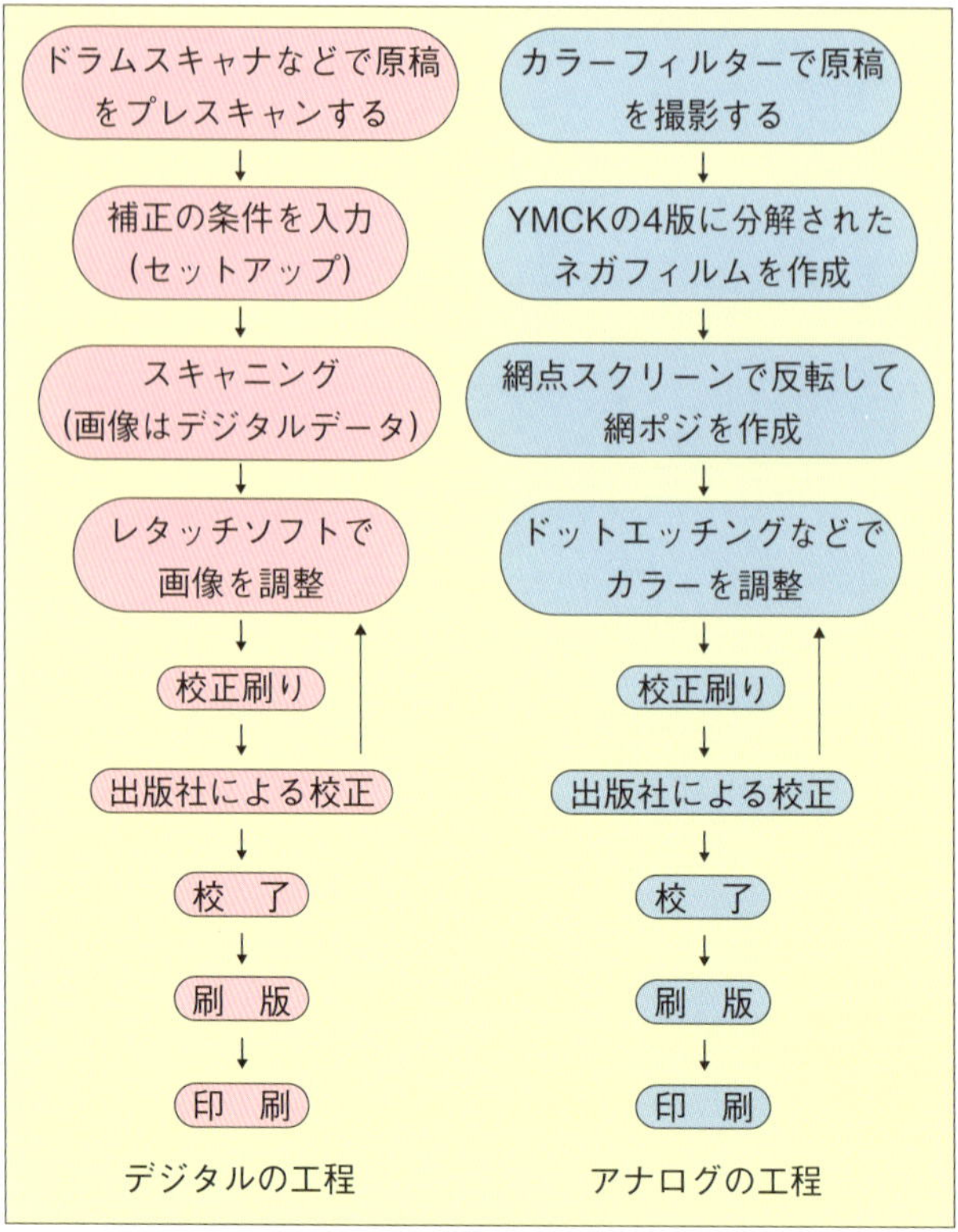

カラー印刷におけるアナログとデジタルの工程比較図

ッチングでレタッチを行います。ここからが「二工程」の第二工程になります。

ドットエッチングというのは、網点を洗うという意味です。四工程のところで説明したように、画像の濃淡は網点の大小で表現します。つまり薄くしたいときには、網点を小さくすることでそれが可能になります。ドットエッチングは、フィルムの銀を減力液《げんりょくえき》という薬剤で洗い落として調整する作業です。画像処理をすべてデジタルで行う現在のやり方になるまで、レタッチはこの方法を中心に行われていました。

ドットエッチングは銀を洗って網点を小さくしますが、では網点を大きくして濃くしたい場合はどうするのでしょう。これはこの逆を行えばよいわけです。つまりポジをネガに一度反転して銀を洗います。そしてこれを再び反転すると、網点は大きくなっているわけです。これを「返しがえし」といいます。このように薄くするのも、濃くするのも同じドットエッチングという方法で行います。

精興社はカラー進出間もない昭和四〇年に、福音館《ふくいんかん》書店の仕事を受注します。福音館の絵本などは、原画を直接カメラ撮りして分解する方法をとっていました。大きなカメラに原画をセットして撮影を始めますが、四版の分解がすべてうまくいったことが確認できるまで原画をはずすことができず、このカメラ撮りも一日にせいぜい二点ほどしかできなかったそうです。

当時はすべてがこのようなアナログ作業だったので、写真を使った雑誌の表紙などは、仕上がりに一カ月くらいかかることは普通でした。例えば写真の上に文字を置くとすると、アナログ時代には四版すべてに細かくマスクを切らなければなりません。マスクを切るというのは、光を通さないフィルムで不要な部分をかくすことです。駒野さんたちは今でも、女性誌の表紙などを見ると、その工程を考えて気が遠くなるような思いがするそうです。

現在は高性能のモニタに向かい、毎日デジタルでレタッチを行っている深沢和夫さんは、ドットエッチングなどレタッチ作業のベテランです。顧客からの指示に従って初校を出したり、戻りの赤字にしたがって訂正したりという仕事を長年にわたって続けてきました。深沢さんは、アナログ作業と格闘していた頃と今を比較してこう言います。

「手作業をしていた頃は、カラーの画像に一つ何かしようとすれば、必ず四倍の作業量になったわけです。とにかく手がかかるので、昔の技術者はなんとかしてもっと簡単にやる方法はないかと必死に考えたものです。マスクなどもなるべく少ない方が、仕上がりがきれいになるから、結局その方が良い結果になりますね。

ところが今はほとんど考える必要がなくて、四色の画像の上に文字でもなんでも一発で置くことができる。こうなると結果が思わしくなかったときに、自分で工夫することができません。原理を知っていることが重要になります。

フィルムも昔の方が銀の量が多く、しっかりしていました。福音館書店の絵本などは、一〇〇刷りを超えるロングセラーがありますが、三〇年以上前のフィルムが今でもしっかりしています。

銀の量が減ったので、ドットエッチングも昔と同じようにはいきません。ちょっと浸けておくと、網点の濃度がすぐになくなってしまう。技術に応じて、素材も変わってきているということですね」

精興社でも一九七〇年には、二工程のスキャナが導入されます。以降カラー印刷の技術は日進月歩で、製版カメラはやがてその使命を終えます。スキャナの性能はどんどん上がり、九〇年代後半には途中の過程でフィルムを直接扱う必要のない、デジタルの世界に入りました。

◉二〇〇三年五月の精興社朝霞工場

小島さんの案内で、現在の朝霞工場の工程を見学しましょう。

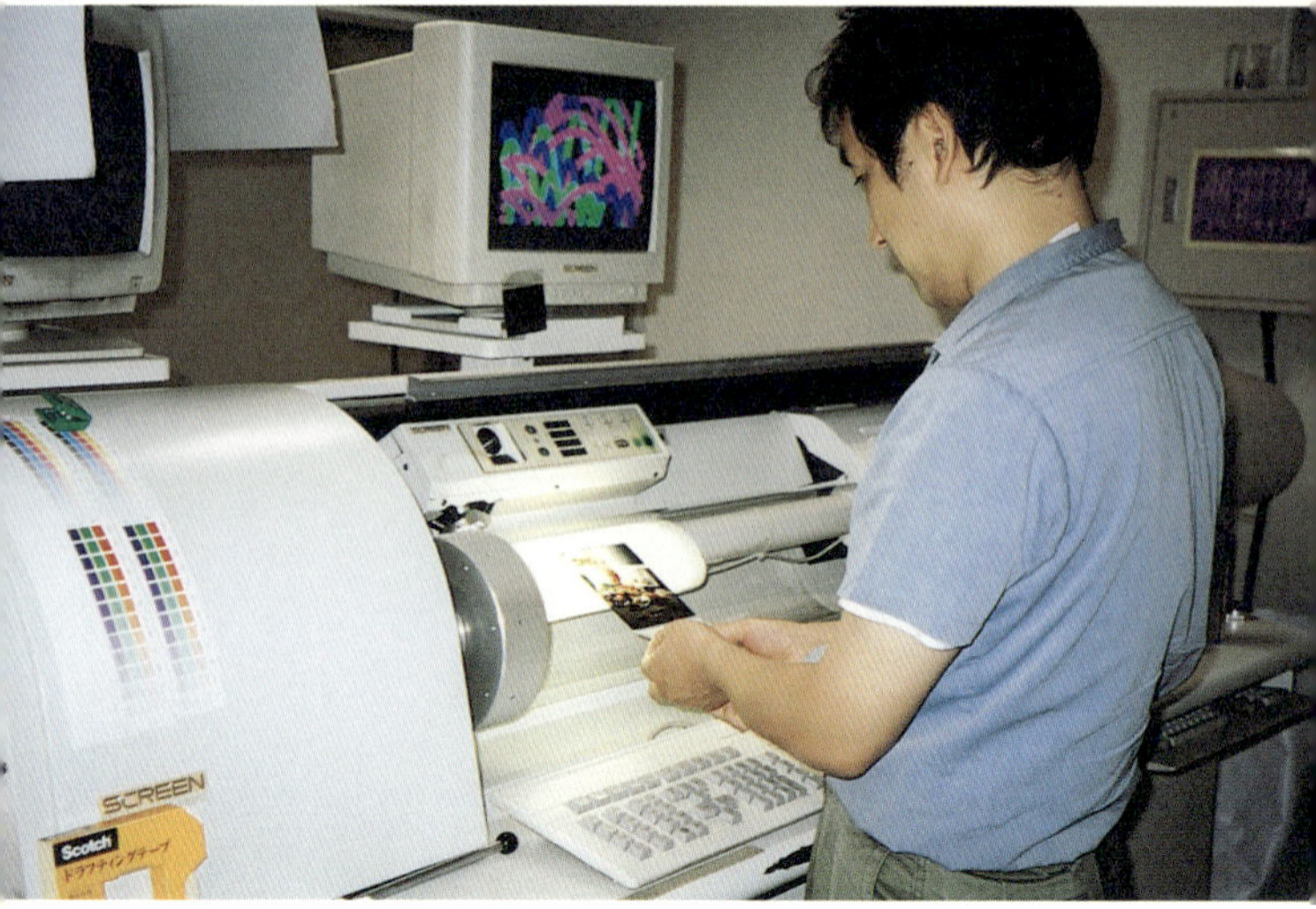

ドラムスキャナに原稿をセットする

最初の部屋には、二台のスキャナが置かれています。一台は外見はコピー機そっくりのフラットベッドスキャナ。もう一台は、ガラスのシリンダー(円筒)を高速で回転させる、ドラムスキャナです。この工場では絵本の仕事が多く、できれば精度の面で優れているドラムスキャナに原画を巻きたいということで、シリンダーも一番太いものを置いているそうです。

イラストの原画や、紙焼きの写真のような原稿を反射原稿といい、ポジやネガのフィルムは透過《とうか》原稿といいます。シリンダーにも反射原稿用と透過原稿用があります。この日は透過原稿である、ポジ

レナクリエイターでレタッチ作業をする

フィルムをスキャンするところを見せてもらいました。
　まずテープなどを使って、シリンダーにポジフィルムを密着させます。スキャンする範囲を指定すると、ドラムが回転してプレスキャンが始まります。これが終わるとモニタ上にプレスキャンされた画像が映ります。
　これを見ながら、本番のスキャニングのための細かい設定をしていきます。もっともハイライトの部分ともっとも暗いシャドウ部分を設定したり、色かぶりをとるような設定もします。スキャニングのためのこうした設定を、セットアップといいます。

これが終わると、一分間一二〇〇回転の高速でシリンダーが回りはじめ、本番のスキャニングです。スキャニングには、四×五インチのポジフィルムで二分ほどかかります。この画像はサーバに送られ、レタッチに回ります。

コピー機のようで親しみやすいフラットベッドスキャナは、主に線画を取り込むのに使っているそうです。この日も、本からイラストを取り込む作業をしていました。このデータも同様にサーバに送られ、レタッチに進みます。

レタッチの部屋にはマッキントッシュがずらりと並び、集版や面付けの作業も行われています。一番奥の黒いモニタのところが、深沢さんが向かうレナクリエイターというレタッチソフトが搭載されているマシンです。

レナクリエイターは、レタッチに関してはフォトショップ(Photoshop)よりも細かな設定ができる優れものです。RGBの三本のトーンカーブを同時に調整でき、そのカーブもきわめて滑らかです。アナログの経験が長い技術者がこれを操るというところが、印刷会社ならではのプロの仕事といえます。

ここでレタッチされた画像は、文字やトンボ(ゲラ上の十字形のしるし)などとともに集版が行われ、面付けされてフィルムが出力されます。ここまではフィルムのような「もの」を動かす作業がまったくない、パソコンの中だけの世界です。アナログ時代の話を聞いた後だけに、余計に不思議な感覚にとらわれます。

●刷版を二度焼く――校正刷り

次は校正刷りの工程です。ここでは校正機の状態を一定に保つため、空調で完全に温度や湿度が管理されています。ドアを開けると、校正刷り用刷版の現像液の匂いが鼻をつきます。校正刷り用の刷版と書きましたが、校正をとると結局刷版を二度焼くことになるのです。精興社で使っている校正機は古いものですが、本番とほとんど同じオフセット印刷で刷っています。つまり本当の意味での校正がここでは可能です。現在はデジタルの時代になり、製版だけでなくすべての印刷工程が合理化され無駄がなくなっています。ところが校正という作業だけは、なかなか合理化が進みません。出版社は、やはり本番と同じ状態での校正を望むからです。現在もさまざまなプリンターを使った簡易校正の方法が試みられていますが、むしろきれい過ぎるのが欠点で実用化が進みません。刷版を二度焼くという工程がなくなると、コスト面でも環境面でも大きな貢献となるでしょう。

実はいま、このフィルムから刷版という工程はなくなりつつあります。前述のＣＴＰとい

4色校正機で色校正を刷る

う方式に大きく変わりつつあるそうです。これはフィルムを介さず、コンピュータからプレート(刷版)に直接版を焼き付ける方式です。そうなると校正刷りもCTPになるかもしれません。

本番の刷版を焼く部屋には次々とフィルムが運び込まれ、刷版が焼かれていきます。焼かれた刷版は検版に回されます。ここでゴミや傷がないか丁寧にチェックされ、検版がすんだものには刷面を保護するための当て紙がかけられます。

検版の横には、DEMIAという機械がありました。これは刷版の面を機械で読み取り、印刷機にその情報を送り、効率よくインキを出すための装置だそうで

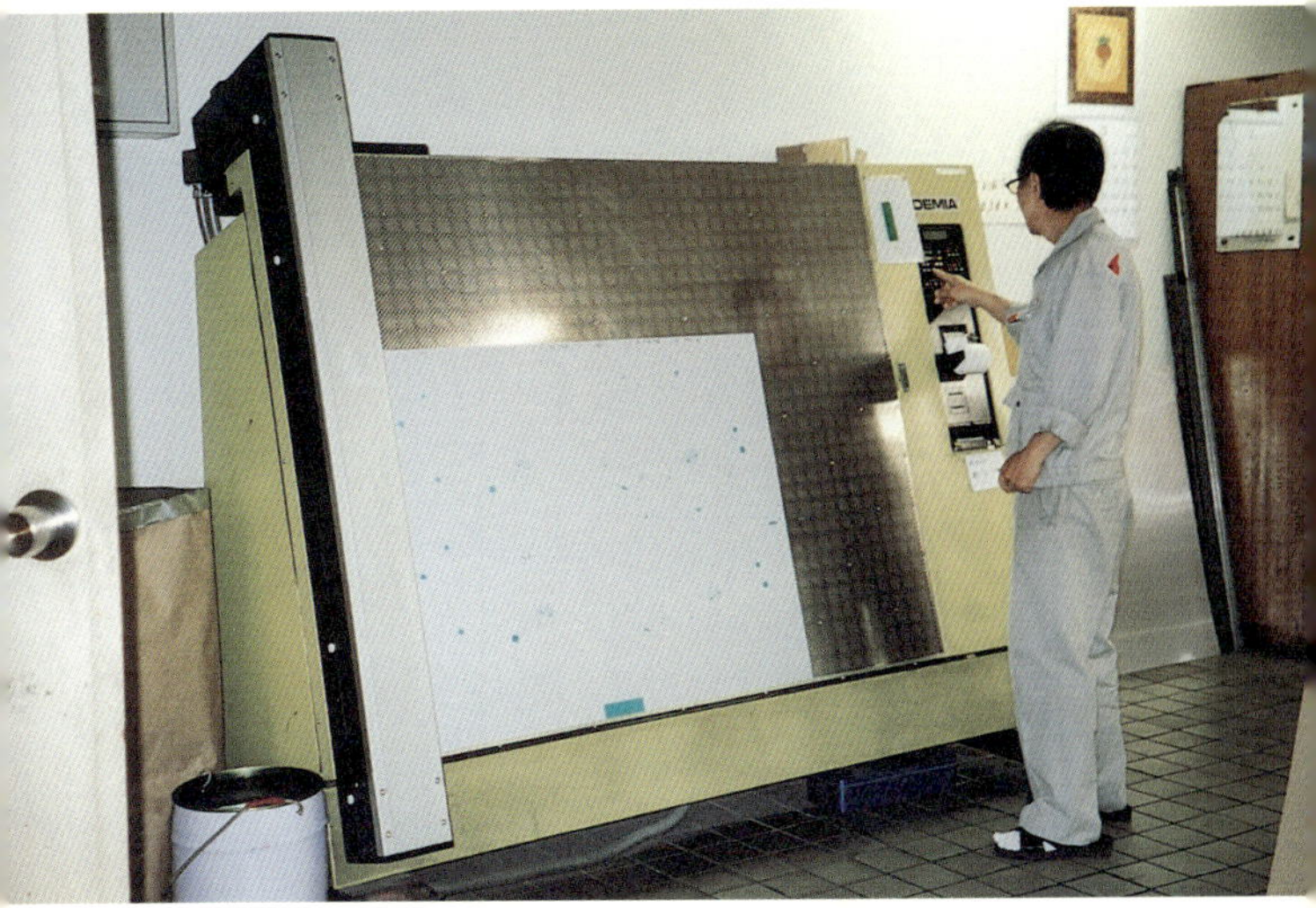

DEMIAにかけて刷版のデータを読み込む

す。読み取った情報はフロッピーに納められ、刷版とともに印刷に送られます。あらゆるところにコンピュータの技術が使われていることが分かります。

印刷機は回る

一階は広々としたスペースで、七台の印刷機がさかんに回っていました。あれだけ刷版がどんどん焼かれているのですから、印刷も忙しいはずです。

ここには五色機が一台、単色の両面機が二台、四色機が四台あります。いずれも大型で、刷版の交換も機械が自動で行います。ここでも機械が主役のように見えます。しかもＤＥＭＩＡから送られて

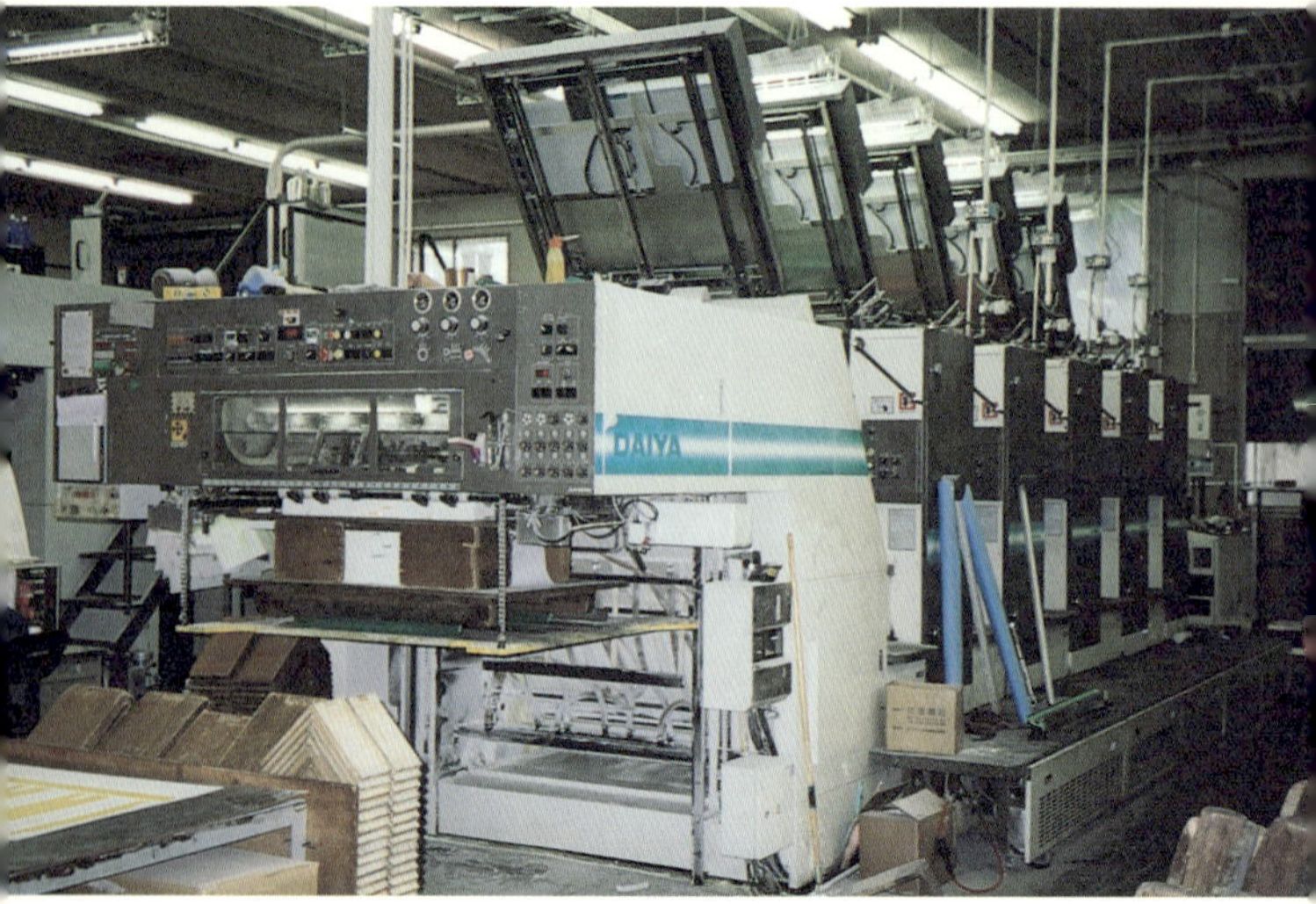

5色印刷機

きた版面の情報もあり、インキの調整も機械がしてくれます。これでは人間の出る幕がありませんね、と小島さんに言うと、とんでもないと言われてしまいました。

水とインキの調整は、朝から晩まで人間がやらなければ、とても良い製品はできないのだということです。インキには、タック・フローという言葉があるのだそうです。タックとは印刷インキの粘《ねば》り気の事で、これが大きすぎると版の汚れや紙むけなどを生じることもあります。フローとは、流体として均一な膜に広がろうとするインキの性質です。

これは朝から夕方まで湿度や温度、機

械の熱などに影響され、刻々変化しています。印刷機のオペレーターは付ききりでこれをチェックし、適正な処置をとらなければなりません。小島さんによると、今は印刷の直前まではかなりデジタル化されているが、これが一度印刷現場に来ると、いきなり液体というアナログの世界に変わってしまう、ということになります。しかもオフセットにはもう一つの液体「水」があり、この両方の管理には一瞬も気がぬけません。印刷のオペレーターとして一人前になるには、最低でも七年から八年のキャリアが必要とのことでした。

文字を中心としたモノクロもカラーも印刷のすんだものは、細かく検品が行われます。これで本づくりの一つの過程である印刷は終わりました。刷り上がったものはインキの乾きを待つため、できれば一日くらいは置いておくのが理想的だということです。これを製本所が引き取っていくと、本づくりは次の製本という過程に入ります。

コラム　色再現の原理

現在の色再現は、加法混色《かほうこんしょく》と減法混色《げんぽうこんしょく》という二つの方法で行われています。

加法混色は、パソコンのディスプレイなどに利用されています。「光の三原色」ともよばれる赤(R)緑(G)青(B)を用いた光の色再現で、色を重ねると白に近付いていきます。

減法混色は、カラー印刷で用いられます。「色(色素)の三原色」ともよばれるシアン(C)マゼンタ(M)イエロー(Y)を用いた色再現で、色を重ねると黒に近付いていきます。ただし、完全な黒にはならないので、印刷では黒(K)を足してCMYKの四色のインキを用います。

これらの三原色はそれぞれ補色の関係にあり、例えばGとBを重ね合わせるとCになったり、W(白)からGを抜くとMになったりします。

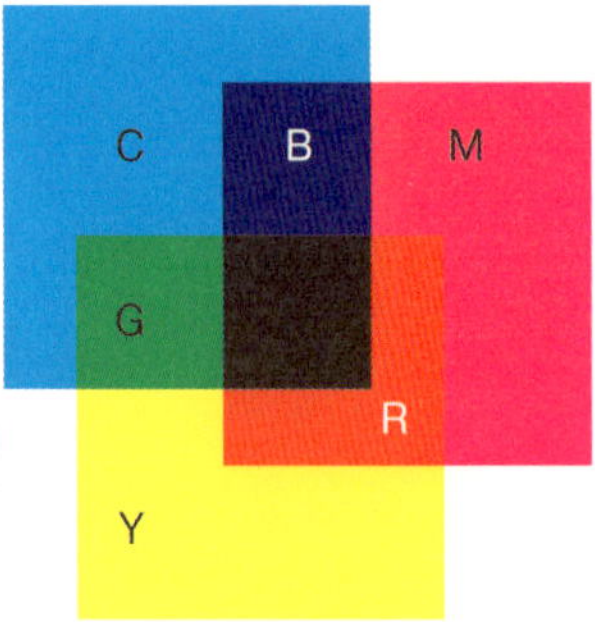

減法混色によって生じる色

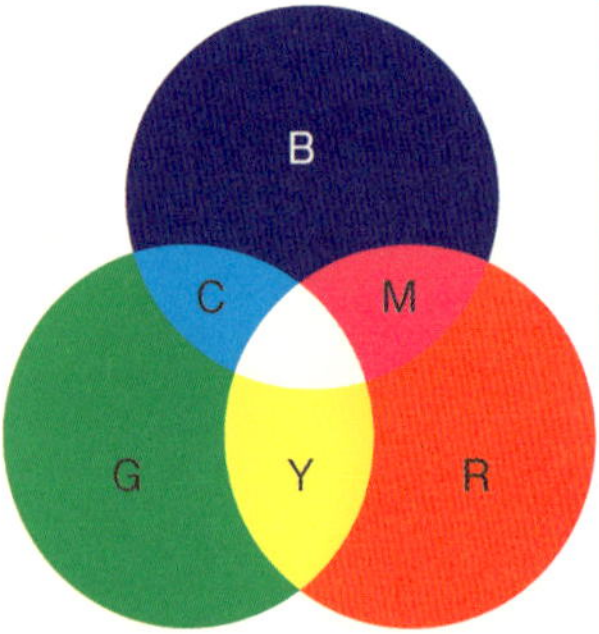

加法混色によって生じる色

コラム　印刷物の色再現

加法混色と減法混色は人間の目が色を認識する原理を利用したもので、絵の具を混ぜるということとは、根本的に違うものです。

通常のカラー印刷では、CMYKの各色について、網点《あみてん》とよばれる小さな点のパターンを生成し、それらを重ね合わせることで色調を表現します。

ただし、再現できる色には限りがあり、その領域はRGBとCMYKで異なります。そのため、RGBで作成されたデジタル画像をCMYKに変換すると、再現できない色が出てきてしまいます。

CMYKで再現できない金、銀、蛍光色、パステル色などのほか、濁った色になってしまいがちなオレンジ、薄い赤や青といった色を使う場合には、あらかじめ調合した特色インキを用います。

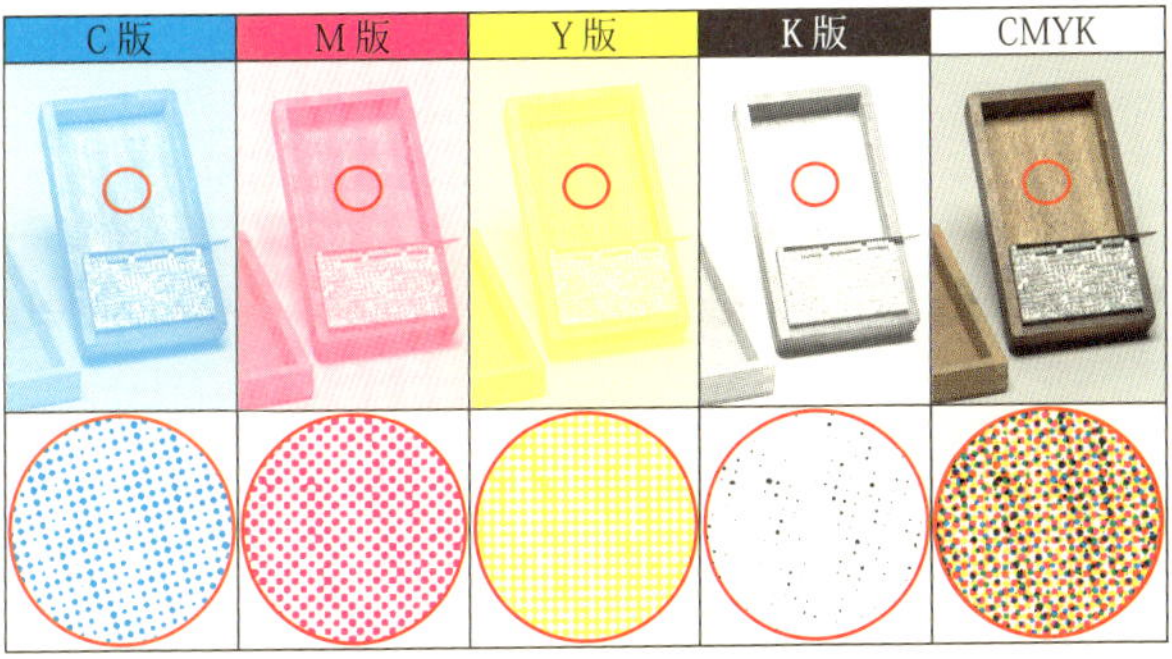

CMYK の各色の網点を重ね合わせることで色調を再現する

コラム　株式会社精興社

百年以上の歴史を持つ印刷会社で、その技術力の高さから、「自著はぜひ精興社で」という作家も多くいるそうです。

精興社が独自で作った「精興社書体」はひらがなの美しさが特徴です。ミヒャエル・エンデ『はてしない物語』(岩波書店)、村上春樹『ノルウェイの森』(講談社)、吉田篤弘『つむじ風食堂の夜』(筑摩書房)など多数の文学作品で用いられ、二〇一七年には、正木香子『文字と楽園　精興社書体であじわう現代文学』(本の雑誌社)という本まで出版されるほど、多くの作家、そして読者に愛されています。

また、絵本作品も扱っており、中川李枝子、山脇百合子「ぐりとぐら」シリーズ、せなけいこ『ねないこ　だれだ』(ともに福音館書店)など、誰もが知る名作を印刷し続けています。

(左)いやだいやだの絵本 4『ねないこだれだ』17×17 cm，上製，24 頁
(右)『つむじ風食堂の夜』四六判，上製，160 頁

III

二〇〇三年当時の製本の仕事

——牧製本工場見学

この章は、二〇〇三年に出版された『カラー版　本ができるまで』の「Ⅲ　製本の仕事　―牧製本工場見学」の内容を収録したものです。本文中の「現代」や「現在」は二〇〇三年当時を指し、肩書なども当時のままにしてあります。

板橋区志村《しむら》にある牧《まき》製本印刷株式会社は明治三四(一九〇一)年の創業で、よく知られた仕事としては、『広辞苑』という辞書の製本があります。その牧製本社長の佐々木啓策《けいさく》さんに、現代の本づくりについてお話を聞きました。

●日本の製本

製本の仕事は、本づくりの過程のどの部分を担っているのでしょうか。佐々木さんはこれを、「製本は書かれたものをいかにまとめて保存するかという工夫から始まったんじゃないでしょうか。刷られた紙が印刷所から入ってきたところから、書店に並ぶ形の本にするまでです」と簡潔に説明しました。

印刷所では、出版社との間で校正と訂正を繰り返して本の中身をつくります。製本は、この中身が印刷された紙を折ったり切ったりし、用途に応じた表紙などをつけ、ページが順番

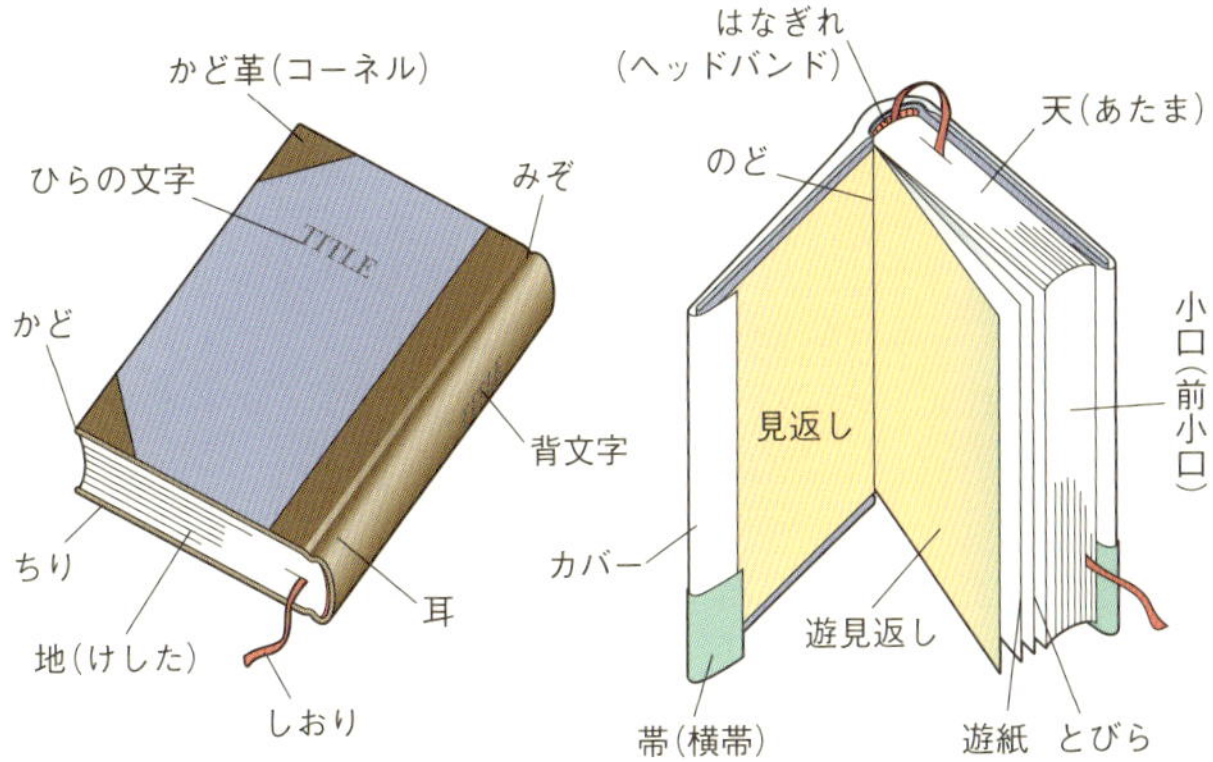

本の部分名称

に並んだ、読者がもっとも読みやすい形の本にする工程です。「より早く、より読みやすく、より美しく」を目指した本づくりの、仕上げの過程になります。

ところで、みなさんが今読んでいるこのジュニア新書の製本は、並製本《なみせいぼん》(または並製)といわれるもので、表紙が柔らかい紙でできています。英語でペーパーバック(paperback)といい、辞書を引くと「紙表紙本」などと出ています。文庫本や新書本は主にこれですが、普通の単行本でも柔らかい表紙の並製本があります。

これに対してハードカバー(hardcover)という言葉があります。日本ではこれを上製本《じょうせいぼん》(または上製)と呼んでいます。大型の辞書や文学者の個人全集などに見られる、硬い表紙でできた本のことです。

佐々木さんに並製と上製の違いを聞きました。

「西洋では、まず中身にボール紙をつけてできあがったものに革をかぶせていたのですが、それでは大量生産にむかないので、中身と表紙を別々につくって合体させるようになったのが近代の製本ですね。そしてさらに、硬い表紙なんかまだるっこしいものつけなくていいじゃないか、という考えから出てきたのが並製でしょう。

製本所では折って袋になった部分と、余分な紙がはみ出した部分を最後にカットして仕上げます。並製と上製の違いは、上製はまず中身だけを切って仕上げ後に表紙をつけます。だから、中味より表紙が大きい。並製では表紙と中身を一緒に切るということです」

雑誌も並製ですが、これは針金で綴《と》じるなどの方法を用い、書籍の並製とはまた違うものです。

日本の製本は、明治時代になって西洋から技術を学びました。それがどのように、今日まで発展してきたのでしょうか。

佐々木さんによると、牧製本創業の頃から日本の本の形は基本的に変わっていないのだそうです。それはヨーロッパですでに製本術が完成されていたからで、それを受け入れた日本では改良の余地がなかったということです。たしかに上田徳三郎という名製本職人の口述をまとめた『製本之輯《せいほんのしゅう》』（『書窓』一一巻二号として昭和一六年に刊行）を見ると、製本はすべて職人の手仕事ではありますが、基本的に現在とそのつくり方、構造は変わっていません。簡略化すると以下のような手順です。

印刷された紙を折り、順番に並べる。折った紙ごとに糸でかがり、全体を綴じる。背に丸みをつけて糊《のり》で固める。それに布や紙を貼り、別につくった表紙をつける。最後に表紙のノドに近い部分に、溝《みぞ》を付けて締める。

現代の製本ではこの工程のほとんどを機械を使って行っています。ただ最近の傾向として糸でかがるという工程が少なくなり、それに代わって糊で固めるあじろ製本が増えてきています。これは、糊の性能が良くなってきていることも一因ですが、蔵書とするような本よりも、定価が安く手軽で読みやすいものが求められていることにも、その原因はあるようです。

日本で製本の機械化が始まったのは、戦後になります。それを最初に行ったのが、実は牧製本です。佐々木さんの叔父さんに当たる牧恒雄氏が、戦後間もない海外旅行がまだ不自由なとき、三〇〇ドルをにぎりしめて、製本を見学するため世界中を回りました。そのとき見たドイツのコルブスというメーカーの設備を導入したのです。これをきっかけに日本の製本界も機械化が進み、現在ではそのほとんどの工程が機械化されることになりました。

印刷所から運び込まれた刷本が並ぶ

牧製本の仕事をたどることで、現代の本づくりの実際をみてみましょう。

●断裁が勝負

印刷所で刷り上がった、まだ紙の状態のものを刷本《すりほん》といいます。この刷本が届けられるところから、製本所の仕事は始まります。

製本所ではまず、この刷本の中から折りごとに一枚ずつを抜き取ります。これは、届けられた刷本がすべて揃っているか、製本の工程に乗せられるように印刷がされているかをチェックするためです。

ここで折り《お》という言葉を使いました。これは本をつくる上での、規準単位です。紙を半分ずつ三回折り、袋になった部分を切ると、一六ページの

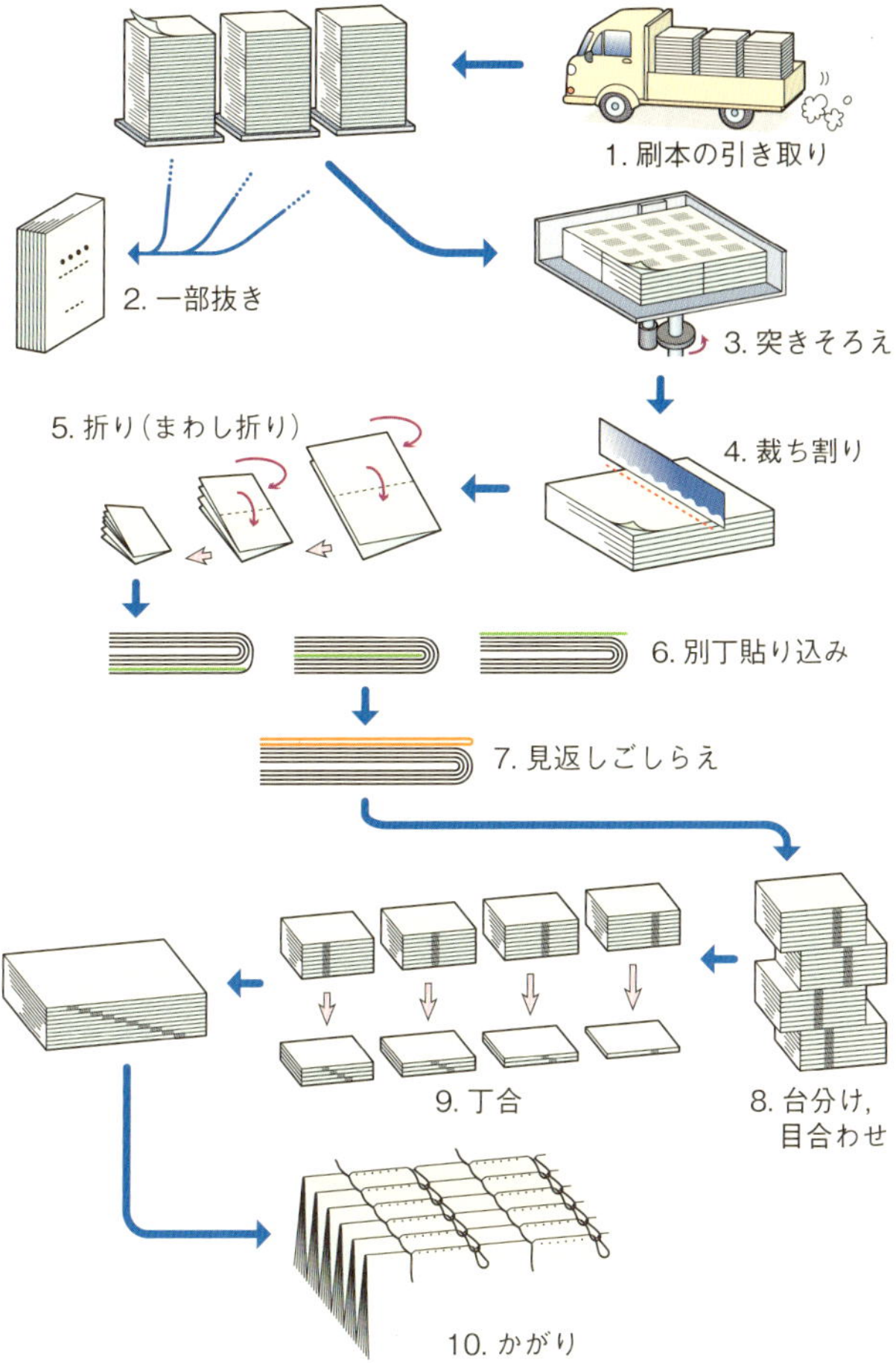

刷本の引き取りからかがりまで

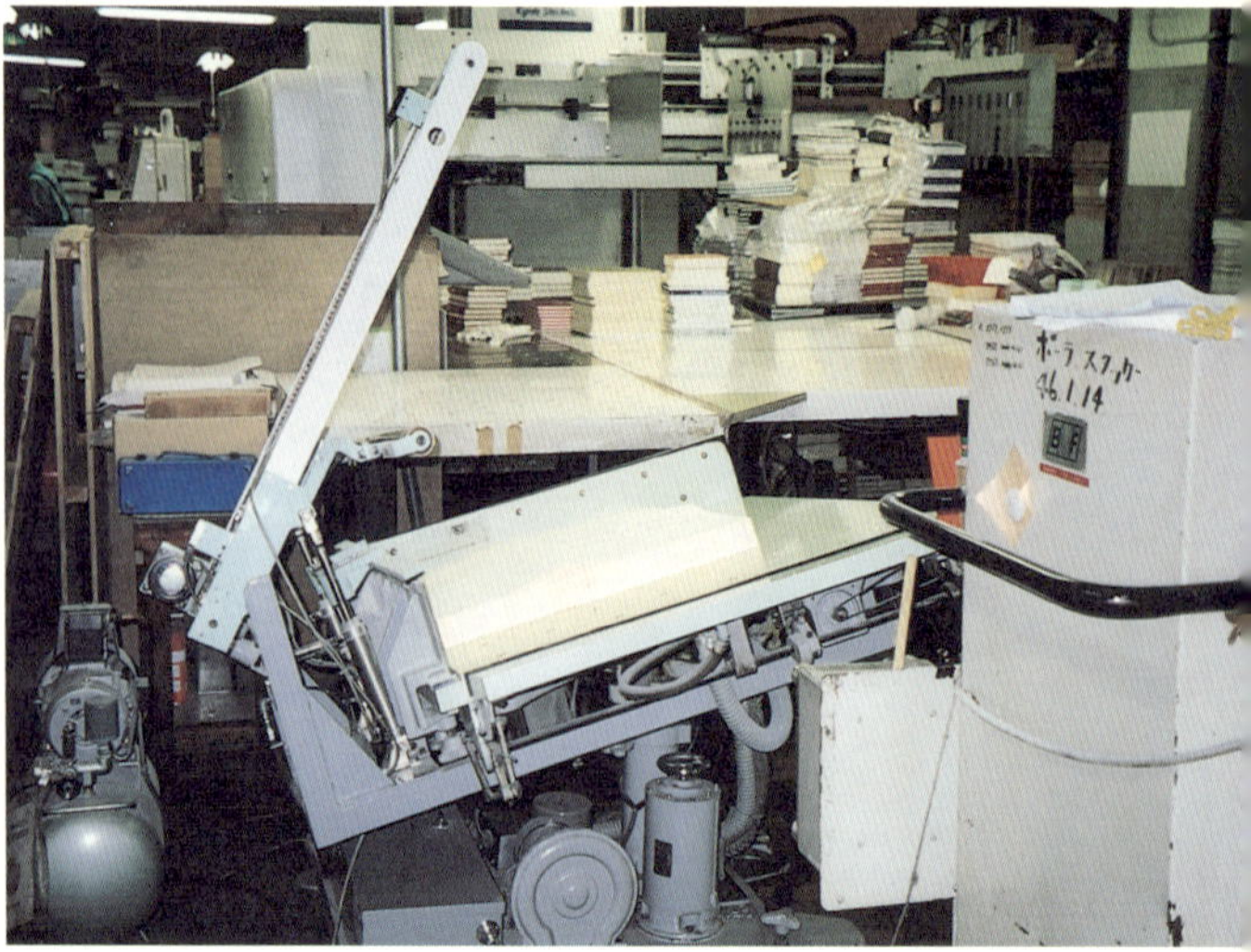

突きそろえ

冊子《さっし》状のものができます。本はこれを一折りという単位にしてできあがっています。辞書や文庫本などでは三二ページが一折りの単位のこともありますが、それ以上では厚くなりすぎて、きれいに折ることができません。全体のページ数が一六で割り切れない場合には、二回折る八ページや一回折る四ページ、一度も折らない二ページを入れます。印刷の説明の中で面付《めんつ》けという言葉が出てきましたが、これはこの一六ページに折ったとき、ページが順番に並ぶように版面を配置することをいいます。

製本所は抜き出した一枚を一折りから順番に折ってみて、製本の仕様書通りに刷本が届いているか、面付けが狂っていないかなどを確かめます。この作業を**一部《いちぶ》抜《ぬ》き**といいます。

製本は、紙を寸法通りに折ることが仕事の基本です。そのためには規準点が必要です。刷本には通常、この基準になる点が刷り込まれています。これを**針先印《はりさきじるし》**（または針）といいます。製本所ではここを基準に作業を始めるため、すべての紙をここを中心に揃えます。何百枚もある重たい紙をどのように揃えるのでしょう。いまでは驚くほど便利な機械ができています。

写真の機械がそれです。道具を使ってこの機械の上に紙をのせます。するとこれは、少し首を傾げるくらいの角度に傾きます。傾く方向は、針先印のある方向です。傾くとこの機械は、まるでマッサージ機のように全身を震わせます。これで紙はどんどん揃えられていきます。紙と紙の間が真空になっていると、紙はピタリとくっついて動かなくなります。しかしこの機械で紙の間に空気を入れながら細かい振動を与えると、真空状態が解消され、うまく揃えることができるのです。

これで針先印の方向に、紙を揃えることができました。この作業を**突きそろえ**といいます。突きそろえは、約一〇〇〇枚が一単位です。これを人間が手でやっているところを想像すると、かなり難しいように思えます。この作業は紙の状態を知る最初の関門で、検品の意味も

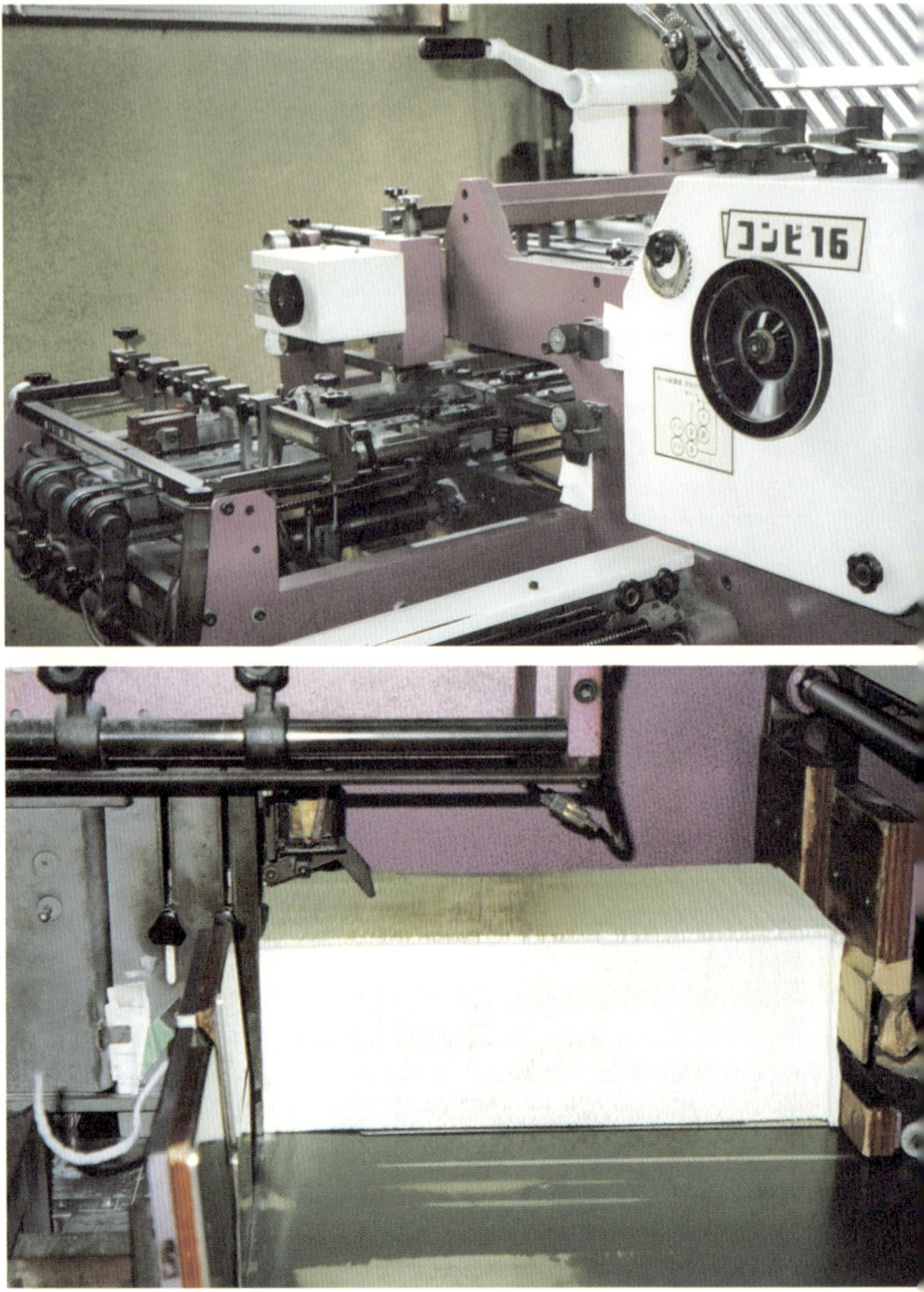

(上)折り機．右から流れてきた紙が，1回2回3回と折られる
(下)折られた折り本が次々に並べられていく

もっています。この突きそろえは、次の作業のためにはどうしても必要なものなのです。

次が**裁ち割り**《たわ》という作業です。これは刷本を一六ページの規準単位に断裁《だんさい》する作業です。印刷される本が、四六判《しろく》、B6判の場合は一六ページが四面印刷、A5判では二面印刷されています。規準単位の一六ページというのは片面が八ページですから、片面には八ページが二つあるわけです。この二つの八ページのセンターが、断裁線です。

この裁ち割りが、以降折ったり切ったりする、製本所のすべての作業の規準になります。つまりここで曲がってしまうと、本の仕上がりも曲がってしまうのです。それだけに大変神経を使う厳しい仕事で、大きな刃物を使うため、熟練を要し、危険でもあります。そのため、製本所では裁ち割りをする人が、工場長など現場のリーダーになるケースが多いそうです。

裁ち割りが終わると、次は**折り**の工程に回ります。先程説明したように、一六ページの折りをつくるのは、紙を三回折るということです。現在はこれも機械化され、大変なスピードで動いています。

この工程では、折りの他にもう一つの作業が行われていました。一六ページに折られたものを**折り本**といいますが、折り本の背にミシン目を入れる工程です。これはあじろ製本という製本手法のための準備です。あじろ製本は糸でかがらない無線《むせん》製本の一種ですが、背に入れたミシン目に接着剤をしみ込ませて本を固めるのです。

◉機械の目が見る丁合

折り本は次に丁合《ちょうあい》という工程に進みますが、その前に折り本以外のものを組み合わせる工程があります。その一つが**別丁《べっちょう》貼り込み**です。別丁とは、本文の折りとは違う用紙で刷られた扉《とびら》などのことです。別丁には扉の他に、写真や絵が刷られた口絵《くちえ》や中に折り込む本文よりもサイズの大きな地図などがあります。これを第一折りやその他指定された折りに貼り付けていきます。

もう一つは、**見返《みかえ》しごしらえ**という工程です。見返しというのは、本文と表紙とをつなぐ重要な役割を果たすものです。前と後ろに一つずつあって、それぞれ前見返《まえ》し、後見返《あと》し(二〇二五年現在では「うしろみかえし」ということが多い)といいます。このような説明では分かりにくいかもしれませんが、本を開いたとき最初に目にする紙といえば分かりやすいかもしれません。ただし、いまみなさんが手にしているジュニア新書には、この別丁と見返しはありません。

さて、その紙は縦組みの本であれば、右側が表紙の裏に張り付いていて、左側は第一ペー

左の青い紙が見返し．右に積まれた折り本と合わされる

ジのようになっています。見返しは表紙と本をつなぎ止め、本文の扉を守る役割を担っています。

見返しには本文より厚い、しっかりした紙を使います。本のデザインをする装丁家は、この用紙をどう使うかに考えをめぐらせます。それは、読者が最初に目にする部分だからです。ときにはここに、模様などを刷ることもあります。

折り本を、この前見返しのついた第一折りから順番に揃える作業を丁合といいます。この作業自体はきわめて単純な作業で、現在はコピー機にもこの機能がついているものがあります。問題は、乱丁《らんちょう》(順番が狂うこと)や落丁《らくちょう》(折りが抜けること)を防ぐた

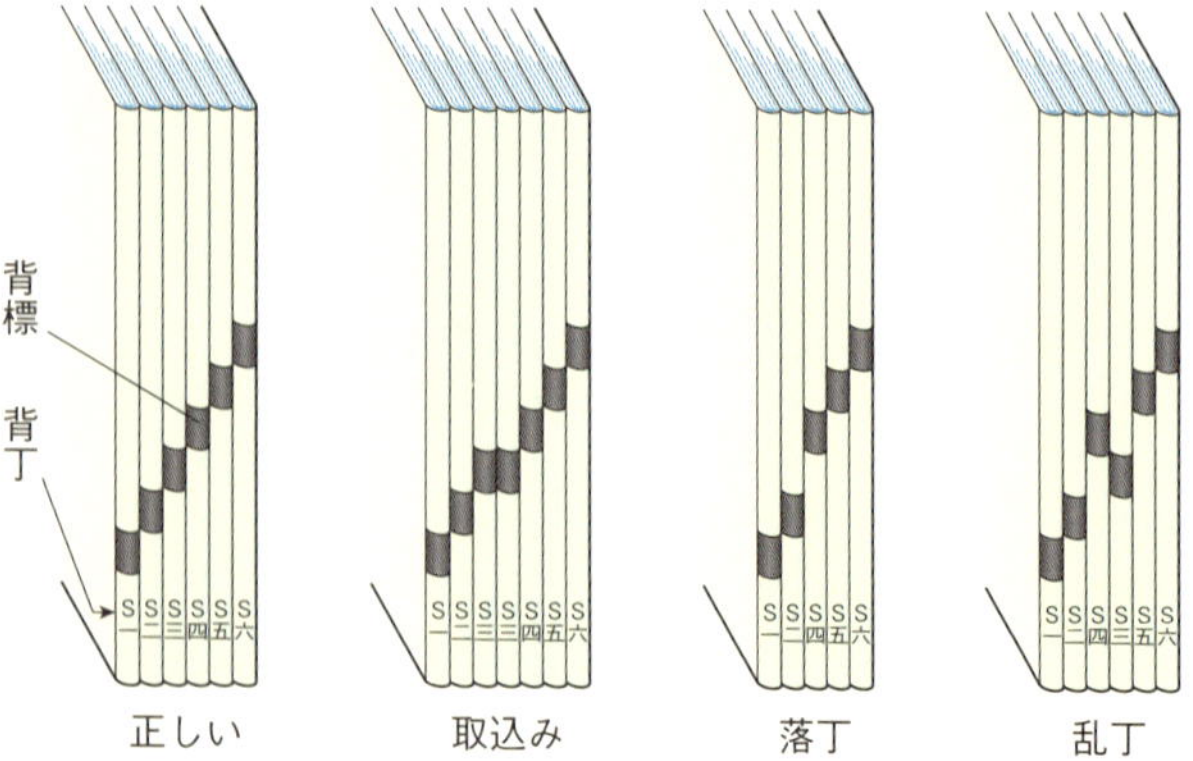

背丁と背標

め、正しく丁合されているかを確認する作業です。これを合理的に行うために、昔から色々な工夫がされてきました。その一つが背丁《せちょう》と背標《せひょう》というものです。

背丁は、図のように折りの背にその折りの番号を書いたものです。背標はさらに工夫され、正しく丁合されていれば、星形や四角形のような図形がきれいなラインをつくるように印刷したものです。作業者は背丁を読むより、背標を見て確認する方が早いわけです。

しかし現代の機械製本では、確認のための装置が動いています。丁合をとる機械は、ベルトコンベヤーの上を最後の折りから第一折りまで順番に重ねていく方法をとっています。これが重ねられる直前に、そのページのある文字を機械が読み取るのです。そ

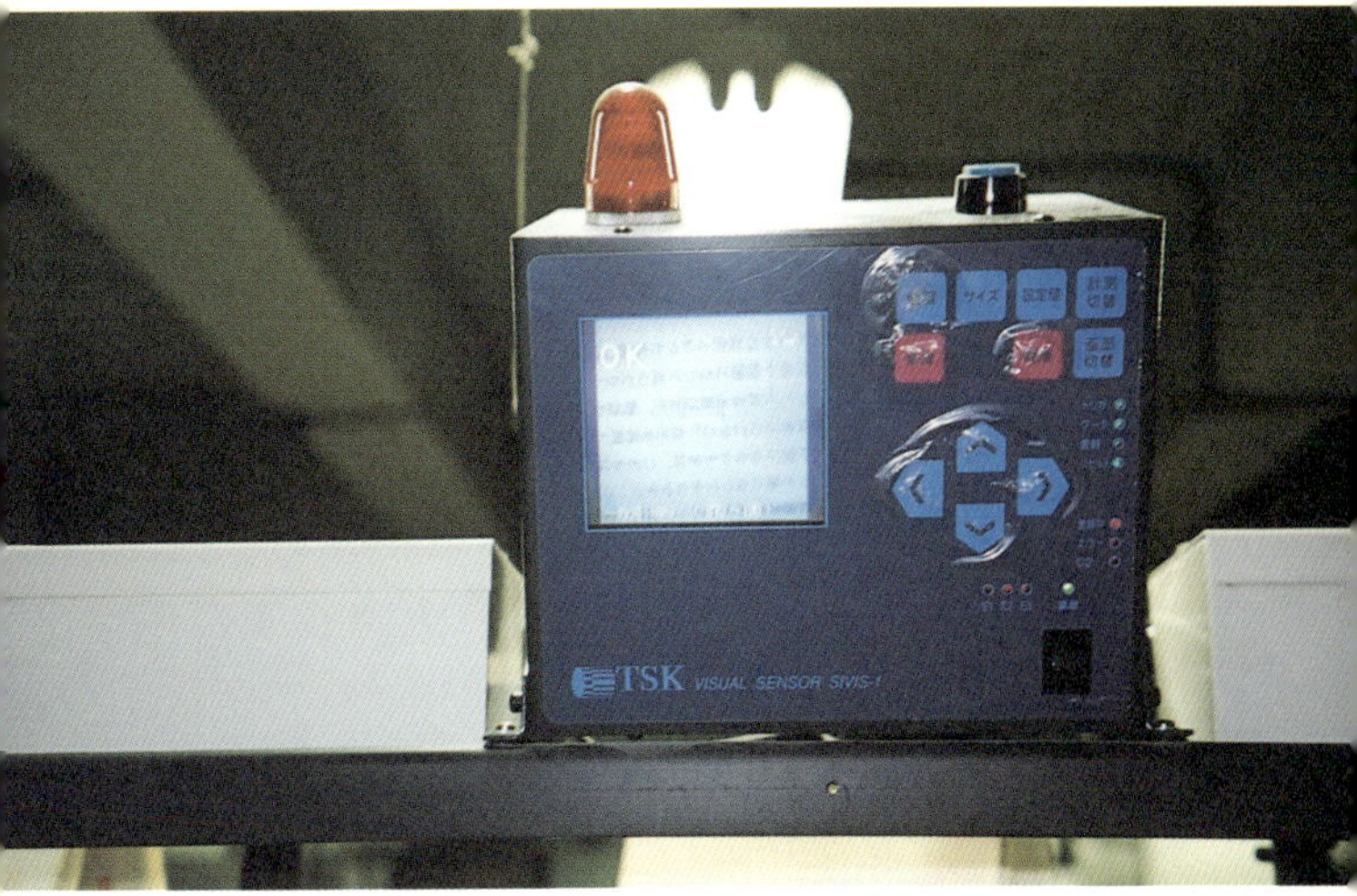

小さなモニタのついた機械で，読み取り状況を確認する

のある文字はあらかじめ設定されていて、もし違う文字がそこに来たらたちまち機械が止まるようになっています。

　例えば、一八行目の下から五文字目の「牧」という字をその折りに設定しておいたのに、「山」という字がその位置に来たらそのときは止まります。もちろん機械が騙《だま》されないように、折りごとに違う文字を設定します。そして三〇折りあれば、三〇個の機械の目がこれを監視するのです。もちろんこれはかつては職人さんたちが、一つずつ手で取っていたわけです。それがスピードアップの要望に応えるため、これほどの設備が稼働するようになったのです。

　実は乱丁や落丁を防ぐ仕掛けは、これだ

厚さを量る機械．左の赤い数字が実際の厚さ，真ん中が設定値，右が許容誤差値

けではありません。この後にはさらに厚さを計ったり、重さを量る工程が用意されているのです。そして厚さや重さの違うものが来ると自動的にそのラインから外されます。

製本所のさまざまな工夫によって、現在乱丁や落丁はほとんど見られなくなりました。最近では、「乱丁・落丁本はお取り替えします」という表示をしなくなった出版社もあるほどです。しかし表示されていなくても、出版社では取り替えてくれます。

この丁合を行うラインを長くすれば、いくらでも厚い本ができる理屈ですが、本の強度などを考えると七〇ミリから七五ミリくらいが厚さの限度だということです。

乱丁とは違いますが、ごく稀《まれ》にページの角に余分な小さい紙が折り込まれていることがあります。これは折ったときに、袋の部分が内側に入り込んでおこるものです。もちろんこれも本来はあってはならないことです。でもこれには愉快な名前がつけられています。

実はあるテレビ番組で、この紙の名前がクイズに出題されたことがあります。正解は、福《ふく》紙《がみ》です。非常に珍しいものなので、これに当たればいいことがありますよ、という意味のようです。でも佐々木さんによれば、「製本所の苦しい言い訳」だそうです。ちなみにこのとき番組で視聴者に答えを教えたのは、佐々木さんの叔父さんでした。

●製本もより安く、早く、美しく

かがりというのは、折り本の背を糸をからげるようにして縫うことです。かつて上製本はほとんどかがっていました。ところが現在ではあじろ製本のように、かがらずに接着剤で背を固める製本が主流になっています。かがりが少なくなったのは、必ずしもかがる必要がなくなったということなのでしょうか。佐々木さんに尋ねました。

「かがらなくても大丈夫ですかと聞かれれば、もちろん大丈夫です、充分使用に耐えますと答えます。実際にこれを壊そうとしても、大きなカッターのような道具を使わない限り壊れません。現在ではより安く、速くつくろうとするためあじろ製本のような無線綴《むせんと》じが普及していますね。

もっとも並製が登場した後も、上製はかがっていました。それはまだ無線綴じが充分な強度をもっていなかったからで、十数年前から良い接着剤が出てきて、上製でかがらなくてもつくれるようになりました。

しかし、たとえば作家の個人全集のように、本の中身だけでなく装丁《そうてい》にも価値が見いだせるような本ならば、私たちはいまでもかがりをすすめます。つまり上製の中にも高級品と一般品の棲《す》み分けというか、使い分けが出てきたということではないでしょうか」

無線綴じはあじろだけではありません。他にもカット無線など、いくつかの方法があります。カット無線というのは、折り本の背を切って、さらに切り込みを入れ糊のつく面積を多くして固めるという方法です。これも原理的にはあじろと同じで、この切り込みから糊をしみ込ませて、背をしっかりと固めるというものです。

印刷の歴史は、より安く、早く、読みやすくを目指して発達してきました。でもそれは印刷だけでなく、製本でも同じでした。そういう発達の歴史があって、現在の私たちの読書生活があるのです。

●ならしからくるみまで

まとまったものは、次に**ならし**という工程に進みます。ならしはまず折り本をきれいに揃え、それに左右から圧力をかけて本の厚さが一定になるようにならし(均し)ます。

糸でかがって背が膨らんでいる場合には、ならしはとくに重要でした。無線綴じでもしっかりならされていないと、背割れという現象の原因になるそうです。

これが終わったところで背に接着剤が注入され、すぐに熱風で乾燥させます。糊の注入から乾燥までを**下固《したがた》め**といいます。

下固めが終わると再びならされます。そしてここで天《てん》(本の上側)、地《ち》(本の下側)、小口《こぐち》(本が開く側)の三方がきれいに切られます。これを**三方裁《さんぽうだ》ち**、あるいは**化粧裁《けしょうだ》ち**といいます。この三方裁ちの工程を見ていると、あまりに刃物の切れ味がよいため本がまるで豆腐かケーキのように見えます。

この三方裁ちの直前が、上製と並製の機械製本の分かれ道です。並製の場合、接着剤を注入された後は表紙をつける工程になります。そしてその後、表紙と中身を一緒に三方裁ちし

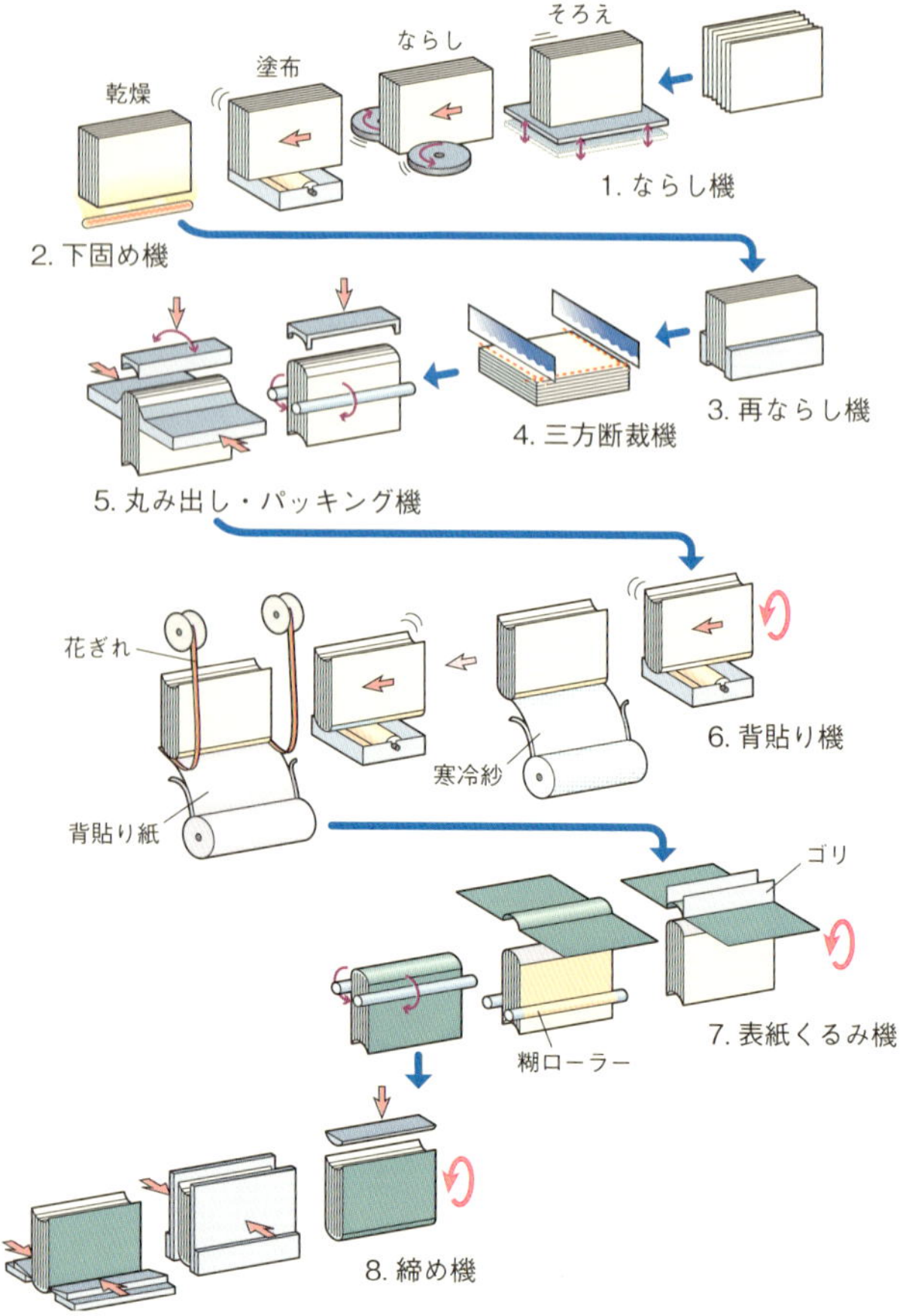

ならしから表紙くるみまで

てでき上がりです。

上製はこのあと丸み出しが行われます。上製本の背中は角張ったもの（角背《かくぜ》）もありますが、丸みの付いたもの（丸背《まるぜ》）が圧倒的に多くつくられています。本は紙を折って綴じるので、折った部分は紙が重なってふくらみます。このふくらみをなるべく平らにして、かつ開きやすくする工夫が必要でした。そこで考えられたのが、背に丸みを付けることです。丸背の方が合理的にできているのです。ドイツで本づくりを勉強した佐々木さんは、こういいます。

「やはり角背は少ないです。本は背中を堅牢《けんろう》に固めながら、読むときには全部開いてほしいという矛盾した要求を最初から突きつけられているのです。これを解決する方法として、背を丸くして遊びをつけたのです。論理的に考えたがるドイツ人などには、開くときに遊びのない角背の本は、本当は開かないはずだから、角背の本は余りつくられないのではないでしょうか」

丸みを出したあとは、寒冷紗《かんれいしゃ》というやや硬いガーゼのような布と花ぎれ（本の背中の上下に少しだけ見えている布。本を棚から指でひっかけて抜くとき、革が切れないようにつけられたものですが、現在では飾りです）、それに背貼りのための紙が貼られます。最後に見返しの外側に糊が塗られ、表紙がつけられます。糊はかつては、膠《にかわ》と姫糊《ひめのり》でしたが現在はボン

きれいに三方が裁ち落とされる

ドが主流です。

表紙の材料としては、革、クロス(バクラムやベラムという布に添加剤を入れて布目をつぶして加工したもの)、布にうらうちした布クロス、紙のクロスの三種類があります。最近はビニール系が辞書などに使われています。

現在書店に並んでいる上製本には、本のタイトルや著者名などが印刷された紙の表紙が多く使われるようになりました。また全集本などには布クロスが多く用いられています。しかし主流は、早く安くという社会の要求から紙製の表紙になっているようです。

革について、「動物の皮は品質が均一で

丸みをつける工程は，上製本には重要

なく、手作業なので、近代工業製品としてはあまり好ましくない材料だと思います。ただ豪華な本のイメージとして革表紙も残るでしょう。また豪華ということなら、本の天に金を塗る天金《てんきん》という細工もあります」と、佐々木さんはいいます。

紙の表紙の場合、多くは印刷されたものですが、布製や革製の表紙には箔押《はくお》しという方法で文字が入れられます。これは、金色や銀色の薄い膜を文字の型でプレスして行います。これも製本の一つの工程です。

表紙が付けられたものは表紙の背に近い部分に溝付けがつけられ、もう一度かたくプレスされます。溝は手で製本していた頃には銀杏の葉に似た道具を使って付けてい

ガーゼ状の布，寒冷紗

背貼りのためのやや厚い紙と花ぎれを貼る

たため、この工程を今でもいちょうを入れるというそうです。

その後カバーと帯がかぶせられ、しおりや売り上げカードなどがはさみこまれると、本はでき上がります。

でき上がった本は、一〇冊から二〇冊の単位で梱包《こんぽう》されます。梱包されたものは、出版社からの指示によって取次店《とりつぎてん》などに配送されます。取次店は出版社がつくった本を、全国の書店に配送する本の問屋さんです。この取次店に配送するのも、製本所の仕事です。

こうして本は書店に並べられ、読者の手に届きます。その一冊を今、あなたが読んでいるのです。

コラム　牧製本印刷株式会社

明治時代に創業し、百二十年以上の歴史を持つ老舗の製本会社です。精興社とともに、関東大震災、第二次世界大戦と二度にわたる工場の焼失を乗り越え、戦後は日本でいち早く製本の機械化を進めるなど、業界をけん引し続けています。

特に、上製本（ハードカバー）の製本技術が高く、その堅牢で美しい仕上がりから、全集や豪華本の仕事を任されることも多いといいます。「印刷・精興社、製本・牧製本」という組み合わせで本を出版したいという作家もいるそうです。

厚い本の製本技術に長けていることでも知られており、「広辞苑」シリーズ（岩波書店）、「六法全書」シリーズ（有斐閣）、『東京の生活史』（筑摩書房、二〇二一年）などの製本も行っています。

（左）『広辞苑　第七版』菊判，上製，函入，3640 頁
（右）『東京の生活史』A5 判，上製，1216 頁

二〇〇三年から見た「本の未来」

アメリカの月刊誌『ライフ』は、一九九八年に過去一〇〇〇年の最も重要な出来事と人物のそれぞれの一〇〇選ランキングを発表しました。その結果、最も重要な出来事の第一位に選ばれたのは、グーテンベルクの活版による聖書の印刷でした。活版印刷術の発明は聖書の普及によって宗教改革を刺激し、特定階級のものであった読み書き能力を大衆レベルに広げ、人類の情報革命の先駆《せんく》となったとしています。

もちろん現代の私たちも、その恩恵を受けています。そしてここまでは現代(二〇〇三年当時)の本づくりがどのように行われているのかを、歴史と本作りの現場を見ながらたどってきました。しかし私たちが見てきた本づくりは、二十一世紀に入った今、曲がり角を迎えているようです。

牧製本の佐々木さんは、製本の職人仕事を受け継いでくれる若い人がいない、と話しています。機械製本の時代になっても、本作りを熟知した職人さんがいなければ製本業は成り立ちません。佐々木さんは、こうした技術の担い手がいなくなるという事態によって製本業が続けられなくなる日が来るかもしれない、という心配をしているのです。

そればかりではなく、人類が知識や情報を得るということにおいて、ずっとその王座にあった本には、最近強力なライバルが現れました。パーソナルコンピュータや携帯電話をはじめとするＩＴ機器です。現在多くの人々がこれらの新しい道具によって、毎日の生活や仕事に利用できる便利な情報を得ています。

電子ブックの開発も最近になって、再び活気を帯《お》びてきました。一九八〇年代から開発が進められ、いくつかの製品も世に送り出された電子ブックは、これまでのところあまり社会に浸透していません。しかしアメリカで研究されてきたEペーパーという技術は、液晶画面のように光を発するのではなく、紙に印刷された文字と同じように反射式で人間の目に入ってくることから、これまでの壁を破る製品として期待されています。

新しい技術と、本づくりを取り巻く環境の変化は、果たして本の未来はどうなるのだろうか、という不安と期待を生み出しています。最後にこの点について、印刷博物館初代館長でグラフィックデザイナーの粟津潔さんの言葉を紹介します。

「私は今のところ印刷された本がなくなるとか、非常に少なくなるというふうに考えたことはありません。それは本が、紙やインキや布や革や糊といったようなマテリアル(モノ＝物質)だからです。このマテリアルの力は、非常に大きいものです。

デジタル機器が非常に発達して便利な知識をいち早く流したり、あるいは文学や絵画のような芸術作品まで提供したとしても、それはあくまで情報の範囲を出ていません。マテリアルを伴わない情報だけでは、人間は決してそれを全面的には支持しないでしょう。自分の好きな本をいつも鞄《かばん》に入れていたり、手に取って眺めたり触ったりすることは、人間にとってとても大切なことです。形のない本の中身だけが、重要ではないのです。

コンピュータが創り出すさまざまなイメージに、私たちは驚かされます。これが古いものにとって代わるのだ、と煽《あお》られたりもします。でも少なくとも本や絵画などを見る限り、現在のところ紙の上にインキや絵の具で表現されたものの方が、圧倒的にオリジナルな力を発しています。先入観を捨てて素直な心で見れば、それは誰にでも分かることです。むしろ若い人たちが、そう感じているのではないでしょうか。

もちろん私は、人類の進歩や科学技術の発展を疑うわけではありません。今後デジタルの世界から、優れたものが生まれてくるかもしれません。でもそうであっても人類は必ず、情報だけでなくマテリアルによってバランスをとるはずです。つまり両方ともに活かすということです。人類の智恵はそのようにして進むものだと、私は信じています」

Ⅳ

あれから二〇年、現在の本づくり

本書の初版が刊行された二〇〇三年六月から、実に二二年近くの月日が流れました。現代の産業や技術の世界では歴史的な変革がもたらされるには充分な時間です。おもに本を扱う書籍印刷の世界でもさまざまな技術革新がありました。

そうした動きは、「精興社のDTP部門」の項(一三一ページ)でも紹介したように、二〇〇三年にはすでに始まっていました。しかし、当時の書籍印刷の会社では、文字を美しく整える組版の主力はあくまでも電算写植でした。そうした状況を反映する形で、初版では活版印刷から電算写植への移行を中心に、新たに登場した技術も交えて紹介しました。

一方、この二〇年の間にコンピュータの能力向上や拡大は進み、同時にインターネットの開放によってもたらされた情報革命は、印刷産業全体に変化を迫ってきました。それにともなって急速にDTPが拡大していった状況を振り返ると、私たちは当時この新たな技術にもっと踏み込むべきだったのかもしれません。

そのときの状況について、現在精興社神田事業所でプリプレス部テクニカルディレクターを務める荒木圭介さんにうかがいました。

「日本でＤＴＰを拡大させる契機のひとつになったのが、InDesignというアドビ社のアプリです。この日本語版が二〇〇一年に発売されると、出版社やデザイン事務所などで広がっていきました。その背景には、ＤＴＰがパソコン(Mac)というＯＡ(Office Automation)レベルの機材で、画面を見ながらワードプロセッサー感覚で始められるという敷居の低さもあったと思います。

しかし外からはそのように見えたとしても、印刷会社が導入するにはまず製品の詳細な調査や機能、安全性の検証が必要になります。また、印刷所の仕事として受注するには、ある程度のレベルを持った作業員を一定数揃える――つまり〝教育〟が必要です。そのような体制を構築するには、どうしても時間が必要でした。当時、書籍印刷の会社の動きが遅いように見えたのは、そのような事情によるものだったと思います。とはいえＤＴＰへの移行は、それ以前の活版印刷や電算写植に比べれば非常に速いスピードで進んだといえますし、それは私たちの想定を超えたものだったと思います」

また、荒木さんは移行にかける時間の重要性を強調します。

「これまでにも私たちは、技術上の大きな転換期を経験してきました。鋳造活字による活版印刷から写植で版下《はんした》を作成してオフセット印刷で刷るシステムへの移行です。当社では一九九五年に活版印刷を終了し、電算写植――オフセット印刷の体制に転換しました。電算写植への転換が経営の俎上に載せられたのは一九七〇年代後半のことですから、およそ二十年をかけてこの移行を実現したわけです。

この間に当社が取り組んだのが、先ほど紹介したような機器やシステムの選定と導入、そして活版印刷のエキスパートに新システムでも活躍してもらうための再教育などです。しかもその時期の主力はまだ活版印刷だったので、新旧それぞれのシステム間で重複する業務が多数存在しました。しかし私たちは、この間に一人の解雇者も出さずにこれを実現できました。それを可能にしたのは、やはり移行に費やした二〇年という時間だったと思います。

ところが二〇年をかけて移行した電算写植は、わずか二〇年でDTPという新たなシステムに追い上げられる形でその座を明け渡すことになりました。電算写植を中心に置いたシステムは、活版印刷のプラス面を受け継ぎながらそのマイナス面を補う、日本語組版にとっては非常に優れたものでしたから、DTPが印刷会社での作業レベルにどれくらい対応できるのか、故障や不具合はないのかと警戒するのは当然でした」

もちろんDTPには旧システムにはない利点も多くありますから、電算写植に取って代わったからといって悪者扱いするわけにもいきません。新たなコンピュータ技術を活用したD

TPへの移行は、印刷の枠を超えた情報技術や社会のあり方の変化や進展によるものだといえるでしょう。本章ではその具体的な事例を見ていきます。

このように変転極まりない時代の一方で、あまり変わらないものもあります。それはおもに人とモノ(マテリアル)が関わる部分です。現在日本では出版不況といわれています。実際に数字の上では、一九九六年をピークに紙の本と雑誌の売上高は下降の一途をたどっています。しかし、総額では今も一兆円を維持していますから、少なくともこの国では本を必要とし、本を愛する人々はまだまだ健在だといえそうです。

そして、おもに紙と布と糊でつくられた本というモノは、AIの時代を迎えて一層人々の愛を受けているようにも見えます。形のない「情報」の価値が上がるのと比例して、「紙の本」というモノの価値も上がっていくかのようです。本の世界から見えてくる、そんな構造にも触れたいと思います。

1　DTPの時代を迎えて

●DTP誕生

印刷の世界に変革を起こしたDTP(Desktop Publishing)は、一三一ページでも紹介したように一九八五年にアメリカで誕生しました。そのDTPの歩みにはおもに二通りの道のりがありました。一つは、パソコンユーザーが求める、より自由で美しい文書の制作や配付をサポートするもの。もう一つは、新たな技術で印刷を含むコミュニケーション産業に貢献するものです。

アップル社は、八四年にMacintosh(現Mac)という新たな発想でつくられたパーソナルコンピュータ(パソコン)を発売しました。これには、直感的な操作ができるマウス(当時はまだ一般的ではなかった)と3・5インチのフロッピーディスクドライブ、モニターを見ながら絵や文字が描けるMacPaintという描画アプリ、そしてMacWriteというワードプロセッサーアプリが付属していました。また、片手で持ち上げてオフィスや自宅内を移動することもできる大きさでした。

これは当時考えられていたコンピュータのパーソナルユースという需要に、かなりの程度応えうるものでした（価格を抑えるためモニターはモノクロ）。パソコンという考え方でつくられ、同程度の機能を持つ製品は他社からも発売されていましたが、その価格は一万ドルを超えていたので、約二五〇〇ドルで発売したMacintoshは大ヒットしました。

この製品にはもう一つ重要な特徴がありました。それが、かねてからコンピュータの世界で待望されていたＷＹＳＩＷＹＧ＝What You See Is What You Get（見たままが得られる）が手頃な価格帯で実現されたことです。

ＷＹＳＩＷＹＧを簡単にいうと、モニターに描き出されたものと印刷結果が同じということです。現在では多くの場合、コンピュータのモニターを見ながら絵や文字を配置して仕上がりを確認すれば、それと同じものが紙の上に印刷されます。今やそれは当たり前と思われていますが、当時はプロユースにのみ搭載される高価なものでした。

これが当たり前ではなかった背景には、コンピュータは計算機という考え方がありました。専門家が計算機として使うのなら、手のかかるＷＹＳＩＷＹＧなど必要ありません。しかし時代は変わり、計算機はパソコンとなって人々の日々の生活に関わろうとしていました。そうして、ＷＹＳＩＷＹＧは不可欠なものとなったのです。

また、モニター上で作成したものをそのまま印刷するには、プリンターにそれを具体的に指示しなければなりません。そしてその場合、モニターに表示したものとプリンターに指示したものが同じ仕組みとデータでつながっている必要があります。それを可能にしたのが、同じく八四年にアドビ社から発表されたPostScriptというページ記述言語です。アップル社はこれをLaserWriterというレーザープリンターに搭載しました。これによってレベルの高いＷＹＳＩＷＹＧを実現したのです。

モニター上の作業にも新たなアプリが登場します。それが、アルダス社が八五年に発表したPageMakerです。このアプリは文字や画像を書類上のどこにでも配置できる、当時としてはレイアウトの自由度が高いアプリでした。

ＤＴＰという言葉は、このアルダス社の社長だったポール・ブレイナードが自社製品の販売促進のために掲げたコピーです。またアルダスという社名は、二五ページで紹介した大印刷家アルドゥス・マヌティウス(Aldus Manutius)にちなんだものです。

●日本上陸

こうしてＷＹＳＩＷＹＧを実現したパソコン、文書作成やレイアウトが行えるアプリ、そしてPostScriptを搭載したレーザープリンターの三点セットにより、ＤＴＰというこれまでになかった文化がユーザーに提供されました。これはＤＴＰ革命ともいわれています。しかしこれではあまりにもシンプルで、現在印刷会社で稼働しているＤＴＰとはかなり様子が違います。実はＤＴＰはここからさまざまな発展と拡張を繰り返して、その姿を変えていくのです。

Macintoshは、日本でもアメリカから三カ月ほど遅れて発売されましたが、この時点ではMacintoshもＤＴＰもまったく注目されませんでした。当時の印刷会社にはほぼ完全な組版ができる電算写植機をはじめとして、この三点セットよりはるかにハイエンドな設備が揃っていたからです。

日本で発売された当初のＯＳは英語版のみでしたが、二年後の八六年に漢字Talk 1.0という日本版ＯＳを搭載したMacintosh Plusが発売されます。レイアウトが行えるアプリとしても、八七年にはアルダス社がPageMaker 2.0日本語版を、八九年にはクォーク社が日本語版のQuarkXPress 2.0Jを発売し、ＤＴＰの環境が次第に整っていきました。

こうしたなかアドビ社は、ＤＴＰにとってもっとも重要な日本語のPostScriptフォントに取り組みました。同社は八七年に、日本のフォントメーカーである株式会社モリサワとライセンス及びフォント作成技術に関する契約を結びます。八九年に発売されたレーザープリンターに搭載された日本語の PostScript フォントは、この契約がもたらした成果でした。

日本語のテキストは数千に及ぶ漢字とそこから派生したひらがなとカタカナ、さらには外字、異体字にまで広がる複雑さを抱えています。この課題に対してアドビ社はCIDフォントという新たな拡張形式を開発し、フォントのファイル構成を簡素化するとともに、それを公開しました。これによって日本のフォントメーカーにも挑戦の機会が与えられ、二〇〇〇年代に入るとさまざまなフォントが登場することになります。

●イメージセッターの登場と活用

初期のDTPは印刷業界からはほとんど顧みられませんでしたが、PostScript については当初から強い関心が集まりました。注目された理由はいくつかありますが、もっとも重要だったのは、このページ記述言語がアドビ社というアプリケーションのメーカーから販売されたことです。

これまでもプリンターに搭載され、WYSIWYGを実現したページ記述言語はありましたが、それはプリンターのメーカーが自社製品のために独自に開発したものでした。しかし

PostScriptはアドビ社が製造、販売する製品なので、契約さえすればどのような機器にも搭載することができるのです。

実際に発表後すぐにこれを活用する企業が現れました。さまざまな印刷機器を製造販売していたドイツのライノタイプ社です。同社は発表の翌年には早くもPostScriptを搭載したライノトロン101というイメージセッターを発売しました。

イメージセッターは解像度の高い(レーザープリンタが通常600 dpiであるのに対して1200 dpi、2400 dpi、3600 dpi)プリンターで、レーザープリンターがコピー機などでも使われているトナーを使うのに対して、印画紙やフィルムを感光させることでイメージを定着させます。イメージセッターで出力されるカラープリントは校正紙として用いられ、フィルムは下版《げはん》に直結するものでした。日本メーカーもこの市場に次々に参入していきました。

こうしてイメージセッターが印刷会社の必需品になることで、当初は安物のパソコンにすぎないと認識されていたMacintoshは、イメージセッターのフロントエンド(操作系)としての需要が広がっていきました。

そうしているうちに八七年には日本語版Illustratorが、九一年には日本語版Photoshopが発売されます。これらのアプリがインストールされたMacintoshとイメージセッターがあれば、印刷物の台紙は数分で作成でき、カラー原稿のレタッチはもちろんCMYKの四版に分解することも簡単にできることが認識され、九二年頃からMacintoshとイメージセッターを中心に導入が進んでいったのです。

●動き出した日本版DTP

イメージセッターの登場は、印刷の前段階であるデザインの現場にも影響を与えていきます。デザイン事務所の一部からMacintoshとイメージセッターを活用したデザインワークに取り組む動きが出てきたのです。

電算写植の出力を長い間担ってきた出力センターでも、イメージセッターの出力が増えていきました。デザイナーがMacintosh上で制作したデザイン文字を印画紙で出力したり、グラデーションマスクをフィルム出力したりすることができるようになったからです。こうしたものをデザイナーが版下や指定紙に付けて入稿するケースが次第に増えていきました。また版下台紙などもそれまではデザイナーが手描きすることが一般的でしたが、これもイメージセッターでより正確に出力できるようになりました。

それまでは書籍のカバーやポスターなどを作成する際には、デザイナーが写真やイラストのトリミング、テキストのフォントの大きさやカーニング値、配置などをわかりやすく記した指定原稿を作成して印刷会社に渡すと、それをもとに印刷会社が版下台紙を作成し、校正ののちに印刷に入る仕組みでした。そうした作業の一部にデザイナー自身の手が直接加わることで、工程の合理化につながりました。

九三年にはQuarkXPress 3.1Jが、九四年にはIllustrator 5.5日本語版が発売されました。レスポンスが軽快で図やテキストをほぼ自由に配置できるこれらのアプリが日本語に対応したことで、いよいよ日本でもＤＴＰが動き出します。当初これらのアプリが活用されたのは、おもにリーフレットやチラシなどの一枚物や、雑誌のカラーページや少部数出版などスピードとコストダウンが求められる印刷物でした。

これらも、従来の進め方ではまず文字原稿の作成を進めながら並行して写真や図版を用意し、それら一式ができあがったところでデザイナーがレイアウトにかかりました。そしてレイアウトの指定紙とデータを印刷所に入稿すると、ここから印刷所がテキストの入力、カラー原稿の分解などにかかり、デザイナーが作成した指定紙に従って版下を仕上げます。それを出版社が最終確認して、ようやく印刷の工程に進む段取りでした。

ところがMacintoshを用いたＤＴＰ作業では、編集者と打ち合わせをしながら、デザイナーが先にレイアウトを進めることができます。それが可能なのは、編集者とデザイナーがモニター上で制作過程や仕上がりのイメージを共有できるからです。しかもこの作業でデザイナーが作成するのは指定紙や版下ではなく、Macintosh で作成された印刷データそのものなので、レイアウトと並行して作業を進めたテキスト原稿や写真、図を入れ込めば、そのまま印刷の工程に入ることができるのです。

以前には各工程で、それぞれの作業者が前工程を〝待つ〟時間が必要でした。それを一挙に削減することができ、それによって制作日程全体を大幅に短縮することが可能になりました。もちろんそれはコストダウンにつながります。これこそがまさにＤＴＰ革命でした。

●印刷で使えるデータへ

PostScript がイメージセッターの技術的な基盤であったことは紹介したとおりです。そうである以上、PostScript の進化は、随時イメージセッターの進化に直結します。その典型な例がＰＤＦです。ＰＤＦは PostScript をベースとしながら、デバイスを選ばずにより幅広く活用されることを目指して開発されました。

イメージセッターは印画紙やフィルムに感光させて出力すると説明しましたが、実はこれには前工程があります。PostScriptが描く線は関数を用いた座標データで作成されていますが、そのままではモニターに表示することも、プリンターで印刷することもできません。この座標データをベクターデータといいますが、これを印刷の網点《あみてん》と同じように点で表現されたラスターデータに変換する必要があります。

どのアプリでつくられたものであっても、イメージセッターで出力する場合にはこの工程が必要になります。ところが、その過程で画像が消えたり、文字化けするなどのトラブルが起こることがあります。しかし、印刷データをＰＤＦ化して出力した場合、この現象が起きにくくなります。

こうした事情もあり、ページごとに出力したＰＤＦ書類を面付け(一六ページ単位でＰＤＦを作成する)→大貼《おおば》り(面付けしたデータをさらに用紙や刷版に合わせて貼り付ける)して、イメージセッターでフィルム出力します。これは、コンピュータやイメージセッターからフィルムに直接出力するのでＣＴＦ(Computer to Film)といいます。さらに現在では、フィルムを介さずイメージセッターでＰＳ版(オフセット印刷の刷版)に直接焼き付けるＣＴＰ(Computer to Plate)が主流になっています。

2　精興社のデジタル移行

◉移行の現場を振り返る――二〇二四年一一月の精興社神田事業所

イメージセッターに注目してDTP技術の展開を見てきましたが、私たちが二一年前(二〇〇三年)に精興社を取材した際にも、すでに多くのDTPから派生した技術が稼働していました。重複になりますが、その部分を振り返ってみます。

CTF、CTPについては一二八ページと一四八ページで紹介しています。また、出版社がプリンターで出力されたものではなく、実際の印刷と同じオフセットで刷られた校正刷りを求めることが記されています。プリンターで出力したものがきれいすぎるのが原因だと、技術の高さが示されています。一三三ページには、すでに工場内のさまざまな場所でMacをはじめとするコンピュータが使われていることや、その一方で、電算写植機がDTPのレイアウトアプリの機能を取り込んでいたことも紹介されています。

私たちは、文字を中心とした書籍印刷の会社である精興社のDTP導入が遅かったのではないかという疑問を投げかけました。しかし、実際にはこれだけ多くの新技術がすでに二一年前に導入されていたのです。では、何が課題だったのか。ふたたびＤＴＰ部門のリーダーを務める荒木さんにうかがいました。

――当時の精興社さんはＤＴＰをどのように見ていたのでしょうか。

「PageMaker に代わるアドビ社のＤＴＰアプリである InDesign の日本語版が発売されたのが二〇〇一年。さらに〇二年には Open Type フォントが登場したことで、多くの印刷会社でＤＴＰの導入が始まりました。しかしＤＴＰというのは、それまで当社が分業で行っていた作業をモニターで確認しながら、一人の作業者が一台のパソコンで行うという、まったく新しい形態の仕事でした。

組版も、画像の取り込みも、面付けも大貼りも、すべてデジタルデータとしてパソコン上で取り扱うことになりますから、それに従事する者には最新の情報をつかみ、検証し、使いこなして自社の業務に合わせた的確なワークフローを築いていくことが求められます。

これだけ違う、新たな形態の作業システムを全面的に導入するとなれば、移行にはどうしても一定の時間が必要でした。当社に限らず、書籍印刷を主体にする会社ほど移行が遅れたのはそのような理由によるものだったと思います」

――アドビ社の InDesign は、日本語組版に対応しているといわれていました。

「確かにそういうことがいわれていましたが、こうしたアプリにはほとんどの場合、バグやその他の不具合がついてきます。個人ユーザーが自分のためだけに使用するならそれでもある程度使えるでしょうが、印刷会社は日々さまざまな間違いと戦う仕事ですから、システムそのものに不具合の可能性があるならとても使うことはできません。そういう問題に対処しながら何とか使える目途がたったのは、〇五年に発売されたInDesign CS2の頃からです。

また、お客様である出版社からの要求水準は、『DTPの導入に当たっては電算写植システムの組版と比べて遜色のないレベルであること』というものでした。これは当社だけではなく、どの印刷会社にとっても簡単ではなかったと思います。当時の電算写植システムは、日本における組版ルールの標準化にもっとも貢献したシステムであったと誰もが断言できるほどのレベルでしたから、InDesignがそれと比べてどこまでできるかという検証は徹底的に行われました。

具体例を一つ挙げると、同じテキストを電算写植とInDesignでそれぞれ組み、目視でその差分を検出しては電算写植と同じ形になるようにInDesignの『文字組アキ量設定』の調整を繰り返し行いました。この作業にもかなりの時間が必要でした」

――精興社さんでは二〇〇〇年頃からＤＴＰ中心の体制移行に着手されたということですが、具体的な過程はどのようなものだったのでしょうか。

「二〇〇〇年前後は、青梅工場と神田事業所にあった電算写植組版のグループがそれぞれ、ＤＴＰへの移行を模索していました。

二〇〇五年に、朝霞工場の製版部門が神田事業所へ移動し、原稿のスキャニングや画像のレタッチ・色調補正、面付けなどの作業について、ポジフィルムからＤＴＰでの製版へと移行が開始されました。同年に朝霞工場、二〇〇六年に青梅工場にＣＴＰ出力機が導入され、ポジフィルムからＣＴＰ出力での刷版への移行が開始されました。

二〇〇〇年代中盤から、印刷会社・組版会社のＤＴＰへの移行が急速に進み、定着します。二〇一〇年には書籍の校了データを二次利用するかたちで電子書籍への対応が求められるようになりました。

二〇一五年三月、青梅工場のＤＴＰ組版グループの一部が神田事業所へ移動して神田事業所のＸＭＬ自動組版グループと統合します。複数のグループから装丁と本文のデータを取り寄せて電子書籍に対応することを含む、総合的なＤＴＰの模索が開始されました。

二〇一八年八月、青梅工場の印刷機を朝霞工場へ移動し、印刷部門をプレス部に統合。青梅工場・朝霞工場それぞれの製版部門の面付け・大貼り担当者、青梅工場のＤＴＰグループ、神田事業所の二つのＤＴＰグループを「プリプレス部」に統合しました。弊社の現在のプリプレス工程は左図のとおりです」

――本書の初版では、当時（二〇〇三年）のＤＴＰ部門の責任者の方が、活版や電算写植の時代に蓄積したノウハウをＤＴＰのオペレーターに伝えていく教育が必要だと述べています。

「率直なところ、それは充分に継承されているとはいえません。『活版から電算写植へ』と『電算写植からＤＴＰへ』というふたつの大きな変動では、技術そのものが大きく変化しました。それにともなって人材も入れ替わってしまったからです。とはいえ、スキャニングや色調補正の技術、日本語組版の品質に対するこだわり、また最終成果物に対する職人的な厳しいまなざしなどは、社内の至るところで健在です。

しかし現在の技術の継承や教育では、「オレの背中を見て学べ」といったかつての職人的な在り方はまったく通用しません。むしろ今は、それとは真逆のやり方をしています。各種ＩＴワークツールをフル活用してそれぞれの担当業務と案件ごとの進捗状況、コミュニケーションや周知伝達、マニュアル、ノウハウまですべて徹底した「見える化」の推進です。加えて活発なコミュニケーションと頻繁な情報共有やアウトプットの姿勢を重視しています。

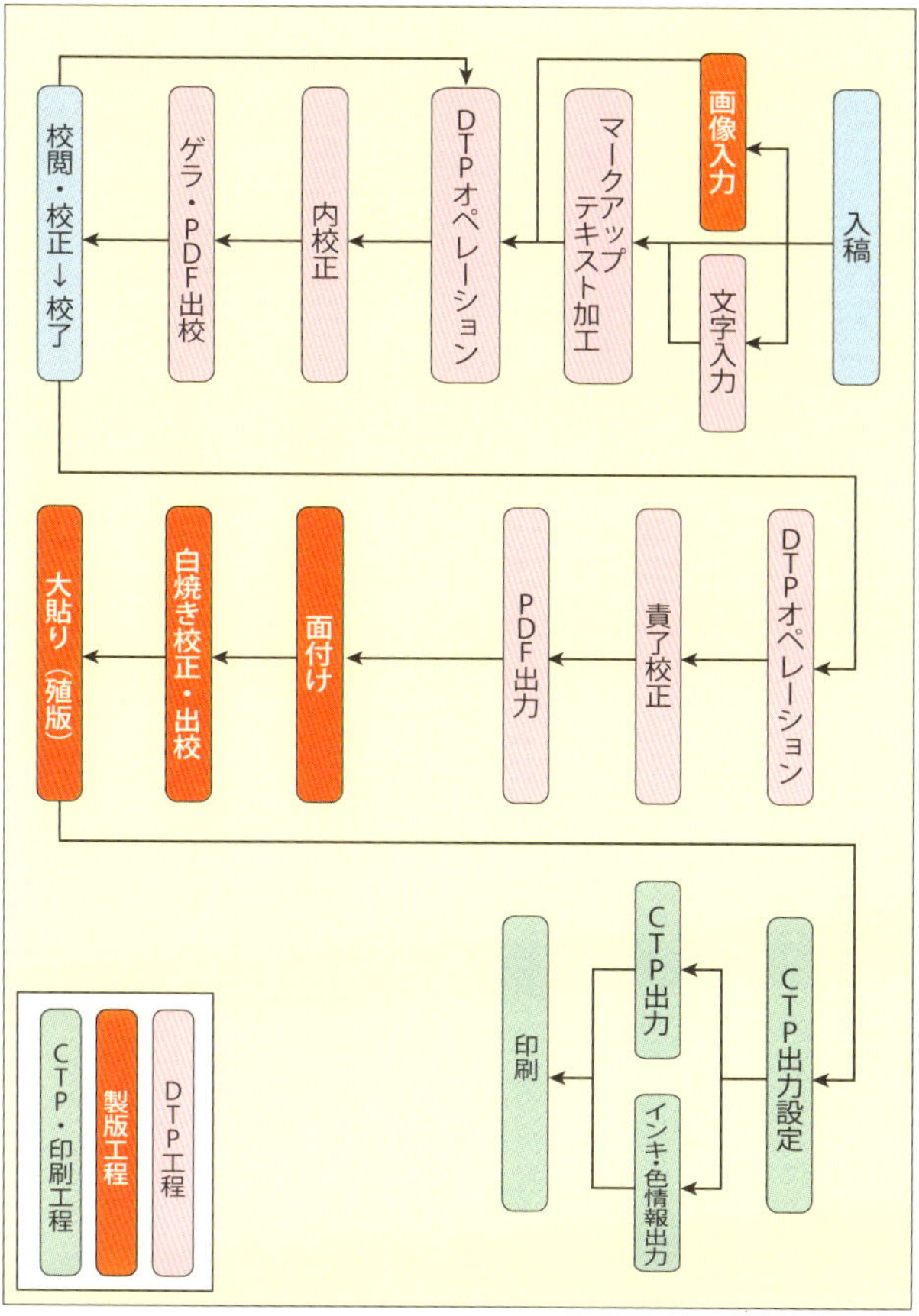

精興社の現在のプリプレスの工程

精興社朝霞工場で保管されている原版フィルム

DTPでは、機能や技術は明日にでもアップデートされ、課題が突然解決したかと思えば、逆に改悪されたりするかもしれません。考え方や作業手順を固定したまま維持し続けることはできないのです。それらの更新・メンテナンスはつねに必要になります」

——出版社では原版の保存を印刷会社に依頼してきました。活版時代には紙型、オフセットに移行してからはフィルムで保存してきたと思いますが、DTP時代を迎えてこれはどのように変化していますか。

「DTPに移行したことで、原版に当たるものはすべてデジタル化しています。現在の工程では、校了データから印刷用途に最適化された単ページPDFを出力し、それを専用のソフトウェアで取り込んで面付けを行います。この面付けデータは、取り込んだ単ページPDFとそのPDFを折丁《おりちょう》ごとにどのような順番と間隔で配列するかなどの定義ファイルで構成されています。プリプレス工程の最後は、この面付けデータから刷版を出力することで、その後はプレス(印刷)工程に移ります。つまりこの面付けデータが、紙型やフィルムに相当します。弊社ではこの面付けデータと、お客様から依頼されたDTPデータや社内の内製データをすべてサーバーに保管しています。

また、膨大な製版フィルムも朝霞工場と青梅工場の倉庫にて大切に保管しています。しかし製版フィルムは物理的に経年劣化を免れないことに加え、製版フィルム自体の製造から多くのメーカーが撤退しています。さらには製版フィルムの画像をPS版に焼き付ける設備もすでに製造されていないので、製版フィルムがあっても数年のうちに印刷ができない状況が予測されます。そのため弊社では、製版フィルムの網点をそのままスキャニングし、高精度のモノクロ二階調画像でデジタル化するための専用スキャナを導入しています」

●効率化と品質のあいだで——二〇二四年一一月の精興社朝霞工場

朝霞工場は二二年前と変わらず印刷機が稼働していました。活気溢れる工場を指揮する芹

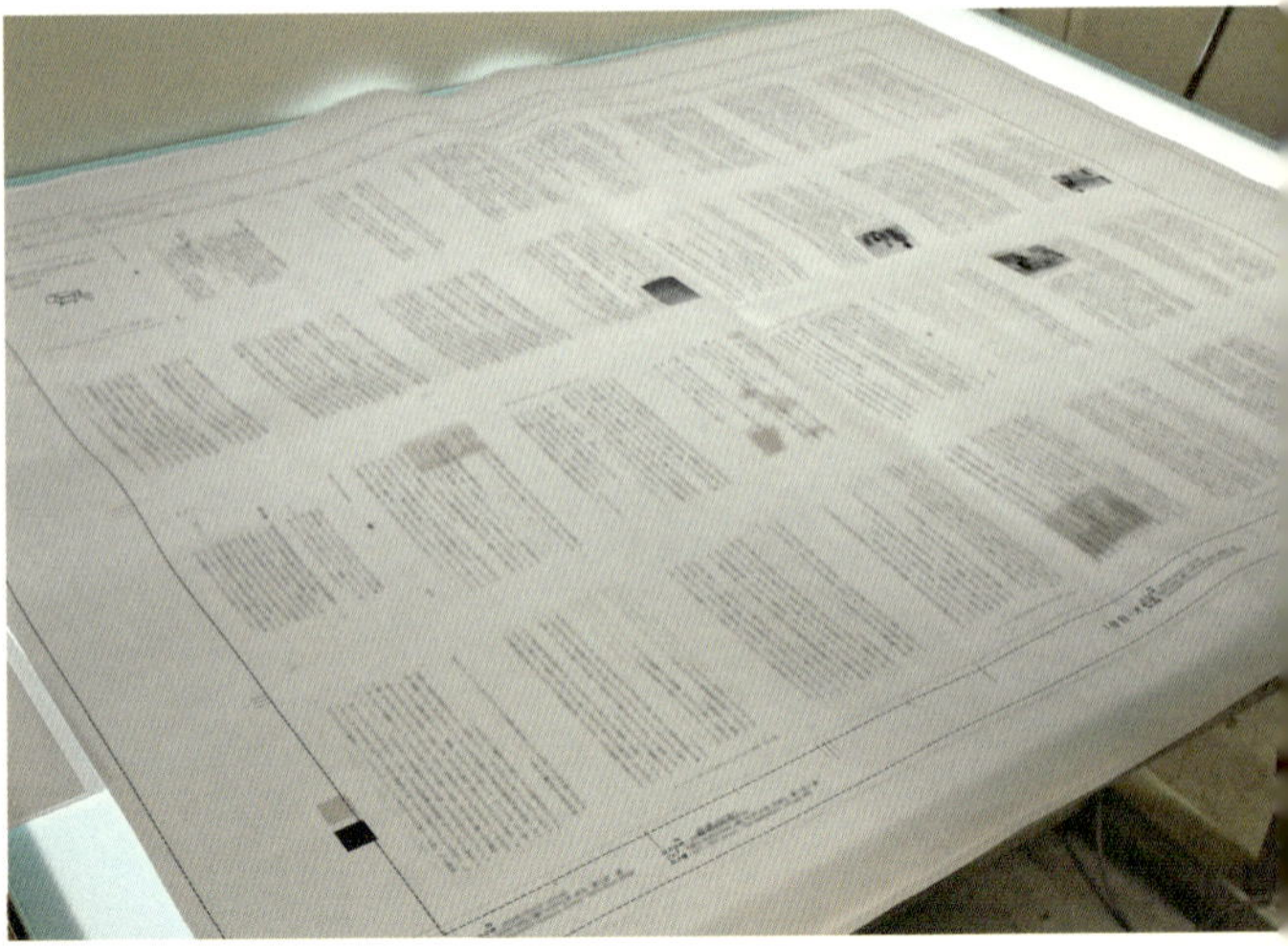

大貼りのデータを出力し，印刷前の最終確認を行う

澤真工場長にこの間の変化について伺いました。

「一番変わったところは、二〇年から神田事業所でやっていた大貼りをこの工場でやるようになったことです。いま大貼りは機械がやってくれるのでどこでやっても同じなのですが、神田でやっていた頃には、大貼りしたデータが届くのを待つことがありました。でもこの作業がこちらに来てからは、機械が空けば大貼り、刷版、印刷と仕事がスムーズに進められるようになっています。こういったことを含め、綿密にタスク管理をすることで作業の効率化を図っています」

――新しく導入された印刷機にはどのよ

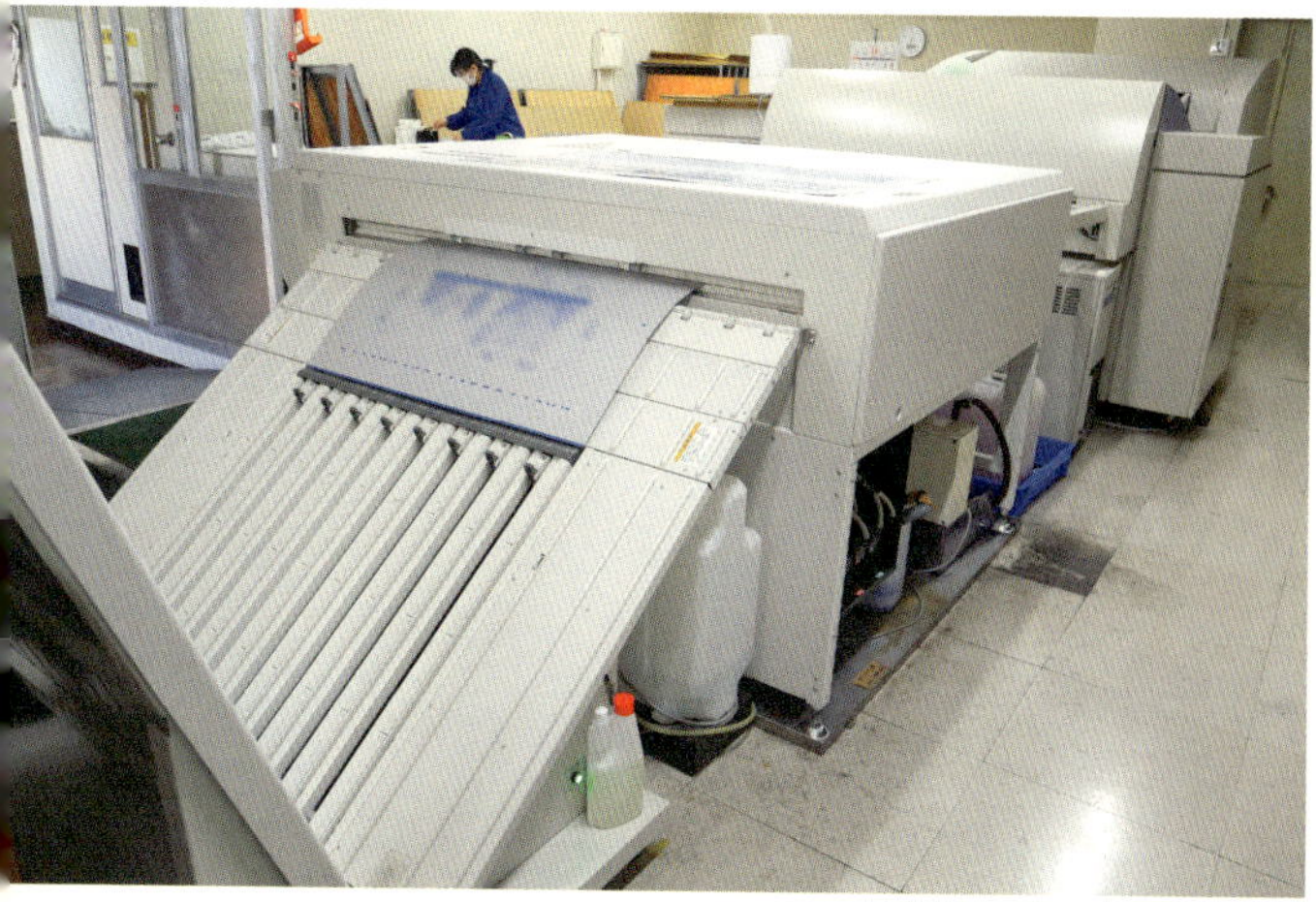

刷版（CTP 出力）の様子．1 台で 1 日 300〜400 枚の版を刷ることができる（128 ページの工程に対応）

うな改良点がありますか。

「印刷機を担当している社員は、つねに印刷物の仕上がりや印刷機の調子、工場の環境変化などに注意を払っていますが、最近の印刷機には色調をチェックするためのカメラが付いていて、常時仕上がりを管理しています。印刷は温度や湿度など環境の影響を受けやすいので、品質の安定化のために『標準印刷』の考え方で管理に努めています。

標準印刷というのは印刷会社や機械によって品質にバラツキが出るのを防ぐために、印刷工程の手順や材料の標準を決めることです。これによって安定した結果を出すことができます。ただ、数値にこだわりすぎ

調色室にはインキがたくさん置かれている

ると、たとえば絵本のキャラクターなどがロボットのように無機質な印象になってしまうことがあります。技術と経験があるオペレーターならこうした場合には、あえて標準値から外れた数値設定にすることで味わい深い印刷ができます」

――色に対するこだわりという点においていうと、こちらでは工場内で調色（インキを混ぜ合わせて望みの色をつくること）して特色インキをつくる職人がいます。そういう職人がいない工場も多いなかで、こちらで置かれているのはどういう理由でしょうか。

「これは本当に難しいのですが、たとえばインキメーカーに発注した特色を使って

職人がインキを混ぜ合わせて目的の色を作っていく

印刷しても、こちらが望む色が再現できるとは限りません。使用する紙や印刷する際の環境によって、色が変わってしまうからです。現在は色も数値で捉えることができます。ただ、数値どおりのインキを使っていたとしても、実際に刷ったものを発注した側が見て思っていた色と違うと感じれば、それはやはり違う色なのです。その点、印刷現場で色をつくれば本番の紙で試し刷りをして確認したり、調整したりすることもできます。

このように製版や印刷、調色にしても数値だけでは表現できない部分があります。標準印刷を踏まえながらも、そこにオペレーターや職人の技術や知識そして経験を加

フィルムをデータ化するための高精度スキャナ

えることで私たちの印刷物はできあがっていきます。効率化も大切ですが、質において妥協しないためには手間をかけるべきところもあるのです」

——神田事業所で、これからは原版のフィルムの保存が大変になると聞きました。

「そのとおりです。こちらの工場はオフセット印刷からスタートしたので、いわゆる原版に当たるものはすべてフィルムです。これも劣化が進む一方なので、専用のスキャナを用いてフィルムをデジタルデータにする作業を進めています。

活版の時代には紙型(九八ページ)、オフセット印刷の時代に入ってフィルム、というように技術の進歩とともに原版も変わってきましたが、フィルムの場合は劣化が免れないのでデジタル化に際してはスキャンだけでなく、修復も行います。

　欠けたり消えたりした部分を元に戻すことになるので、一部は絵を描くような作業になります。これなどは、色分解したネガをポジにフィルムをレタッチしていた、かつての作業と似ているかもしれません。

　弊社では、長年読み継がれている絵本のフィルムを数多く保管していますが、そういった作品はなんとかして原本の色や調子を残して、両親が読んだ絵本と同じものを子どもたちにも読んでほしいと願っています。絵本の場合だと一冊の修復作業に四日ほどかかってしまう場合もありますが、ここも質を重視すべきところだと思っています」

3　牧製本が目指すもの

●二二年間の変化

続いて、現在の製本業界について、牧製本社長の牧孝吉氏にうかがいました。

――本書の初版では当時の佐々木社長にお話をうかがいました。それから二二年が経ちましたが、この間製本業界ではどのような変化があったでしょうか。

「製本の場合、技術的に大きな変化はほとんどありませんが、それでも時代の変化を反映した小さな動きはありました。たとえば、製造中の事故を検知する装置の数が増えました。これは出版社や読者のみなさまから、わずかな不良でも非常に厳しいクレームをいただくようになったことが背景にあります。

もちろんどんな不良も出してはいけないのですが、かつては製本時に角が内側に折れ込んだことによってできた裁ち残しを、幸せを呼ぶ「福紙《ふくがみ》」といって喜んでいただけるような余裕が本好きな方にはありました。今やそれは本当に昔ばなしになってしまいました。ですから私たちもそれに備える必要に迫られているということです。

また、私たちにとっては厳しい話題ですが、上製本の割合が急激に下がってきました。本の内容から上製が求められるケースはもちろんありますが、小説や経済系などは並製の割合がどんどん高くなっています。私が学生だった三十年前までは大学の教科書も上製の割合が高かったのですが、これも多くが並製になっています。

もうひとつ厳しい話題としては、廃業する仲間も増加傾向にあります。かつては家族経営の製本所が多くありました。業界が右肩上がりの時代にはそういう会社も非常に頑張って仕事をしていたのですが、長期にわたって下落傾向が続くと、跡を継ぐ人がいない、あるいは次の設備更新が難しいといった問題が出てきます。製本業界はその典型かもしれません」

●上製本の魅力

――上製本を大事にする製本所として、どのようなことを努力されていますか。

「当社は並製も手がけてはいますが、明治以降西洋の製本技術をもっとも早く取り入れてスタートした製本所のひとつとして、上製本の魅力を伝えていくことが責務だと考えています。同時に製本の技術を磨いていくことも重要です。

上製本に限ったことではありませんが、現在の機械製本では印刷された紙と糊、クロスをセットすれば、ほぼ問題なく本はでき上がります。しかし同じ機械、同じ材料でも、それを使う人によって微妙な違いが出ます。

私たちはそこに技術者の腕の違いが出るのだと考えています。そして、それこそが製本の付加価値だと思います。製本界に限らず、現在は職人仕事を受け継ぐ人はどんどん減っています。技術者を大切にすることで、付加価値を高めていかなければなりません。

かつて上製本は学術書にとどまらず、小説や大学の教科書などでも採用され、日本では製本の王道を行くマス(mass＝大勢)的な存在でしたが、現在は手軽さが重視される並製本が主流となり、その存在はニッチ(niche＝隙間)的なものとなりつつあります。しかしニッチであるということは価値を下げるものではなく、むしろ希少なものとして価値を高めます。ですからこれも付加価値のひとつといえます。

本好きな人も、現在ではニッチな存在かもしれません。本好きな人とは、本の価値を知り、知るが故に愛する人です。私は本好きな人と一緒に価値を高めていきたい。それを戦略化し、出版社や印刷会社、そして本を愛する人たちと実践していきたいのです。

幸い最近ではこうした趣旨を理解していただき、本に関心を持つ人が増えてきました。まだ一部の人向けにしかできていませんが、製本教室を開いたり、工場見学などを募集するとかなり多くの反応があります。今後はこれをさらに広げていくことを考えています」

「本の未来」再び

ＤＴＰの議論をしているうちに、いつの間にか世の中はＡＩの時代になろうとしています。紙の本の製造に携わっている人たちは、本の未来をどのように見ているのでしょう。

精興社神田事業所の荒木さんは、安易な「活字離れ」批判に疑問を投げかけます。「紙の本がなくなるという危機感はあまりありません。新型コロナウイルスの感染が拡大して緊急事態宣言が発出された二〇二〇年にはさすがに不安になりましたが、出版社は本をつくり続けましたし、絵本や児童書はむしろ売上が増えました。私はときどき『問題は、「若者が本を読まないのは活字離れを起こしているからだ」などと平然と言って、それで何かの説明になっているかと思う〝活字〟の方にある』という橋本治さんの言葉を思い出し、ひとりの読書人として、子を持つ親として、紙の本の製造を生業とするものとして、冷静かつ慎重でありたいと思います」

精興社朝霞工場の取材を終えた際に芹澤さんから声をかけられました。

「紙の本がなくなると考えたことはありません。お母さんやお父さんが子どものために良い本を求めていることを私たちはつねに感じているからです。ちょうどいま朝霞市内で、この工場で印刷した本をテーマにした展示をやっているので、是非見ていってください」

その声に送られて、取材後に私たちは東武東上線朝霞駅にほど近いCHIENOWA BASEという建物に立ち寄りました。ここの二階がイベントや展示のスペースになっているのです。このときには朝霞工場で印刷した福音館書店の『ねないこだれだ』を素材に、絵本がどのようにつくられるかをテーマとした展示を行っていました。お母さんに手を引かれてやってきた子どもたちもいて、「この本知ってる！」という大きな声が聞こえてきました。

また牧製本の牧社長の言葉も印象的でした。「本の第一義は、本文紙に印刷された文章や数式の内容でしょう。でも同時に本は、紙やインキやクロス、革、ノリなどでつくられたモノ（マテリアル）でもあります。モノにはモノだからこその魅力があります。それは表紙を包むクロスや革の匂いや手触り、あるいはその本を贈ってくれた人の思い出かもしれません。その人を思い出すためだけに本を手に取ることもあるでしょう。それができるのは、本がモノだからです。私は本書の初版で粟津潔印刷博物館初代館長が述べていた『いかに情報技術や産業が栄えても、人類はけっしてモノを捨てない』という言葉に強く共感します。私たちにはそれが絶対に必要だと思うからです」

〈取材・写真協力〉

Ⅰ
印刷博物館学芸企画室

Ⅱ
株式会社精興社
　久保庭博
　小島達男
　深沢和夫
　駒野輝夫
　竹内良雄
凸版印刷
嘉瑞工房
　高岡昌生
青梅市教育委員会
　小林　弘

Ⅲ
牧製本印刷株式会社
　佐々木啓策
　佐々木宏之
二〇〇三年から見た
「本の未来」
　粟津　潔

Ⅳ
株式会社精興社
　芹澤　真
　白井紘介
　村田和彦
　荒木圭介
　長野茂雄
　荻原成郎
牧製本印刷株式会社
　牧　孝吉

〈図版作製〉
　飯箸　薫

〈執筆〉

Ⅰ
印刷博物館学芸企画室
　宗村　泉
　緒方宏大
　中西保仁

Ⅱ、Ⅲ、二〇〇三年から見た「本の未来」、Ⅳ、「本の未来」再び
　福井信彦

紙関係コラム
　坂口　顯

〈編集・製作協力〉
　福井信彦

カラー版 本ができるまで 増補版　岩波ジュニア新書 999

2025年4月18日　第1刷発行
2025年6月5日　第2刷発行

編　者　岩波書店編集部

発行者　坂本政謙

発行所　株式会社 岩波書店
〒101-8002 東京都千代田区一ツ橋2-5-5
案内 03-5210-4000　営業部 03-5210-4111
ジュニア新書編集部 03-5210-4065
https://www.iwanami.co.jp/

印刷・精興社　製本・中永製本

ISBN 978-4-00-500999-2　Printed in Japan

岩波ジュニア新書の発足に際して

きみたち若い世代は人生の出発点に立っています。きみたちの未来は大きな可能性に満ち、陽春の日のようにひかり輝いています。勉学に体力づくりに、明るくはつらつとした日々を送っていることでしょう。

しかしながら、現代の社会は、また、さまざまな矛盾をはらんでいます。営々として築かれた人類の歴史のなかで、幾千億の先達《せんだつ》たちの英知と努力によって、未知が究明され、人類の進歩がもたらされ、大きく文化として蓄積されてきました。にもかかわらず現代は、核戦争による人類絶滅の危機、貧富の差をはじめとするさまざまな人間的不平等、社会と科学の発展が一方においてもたらした環境の破壊、エネルギーや食糧問題の不安等々、来るべき二十一世紀を前にして、解決を迫られているたくさんの大きな課題がひしめいています。現実の世界はきわめて厳しく、人類の平和と発展のためには、きみたちの新しい英知と真摯《しんし》な努力が切実に必要とされています。

きみたちの前途には、こうした人類の明日の運命が託されています。ですから、たとえば現在の学校で生じているささいな「学力」の差、あるいは家庭環境などによる条件の違いにとらわれて、自分の将来を見限ったりはしないでほしいと思います。個々人の能力とか才能は、いつどこで開花するか計り知れないものがありますし、努力と鍛練の積み重ねの上にこそ切り開かれるものですから、簡単に可能性を放棄したり、容易に「現実」と妥協したりすることのないようにと願っています。

わたしたちは、これから人生を歩むきみたちが、生きることのほんとうの意味を問い、大きく明日をひらくことを心から期待して、ここに新たに岩波ジュニア新書を創刊します。現実に立ち向かうために必要とする知性、豊かな感性と想像力を、きみたちが自らのなかに育てるのに役立ててもらえるよう、すぐれた執筆者による適切な話題を、豊富な写真や挿絵とともに書き下ろしで提供します。若い世代の良き話し相手として、このシリーズを注目してください。わたしたちもまた、きみたちの明日に刮目《かつもく》しています。（一九七九年六月）

973 ボクの故郷は戦場になった
―樺太の戦争、そしてウクライナへ
重延 浩
1945年8月、ソ連軍が侵攻を開始し、のどかで美しい島は戦場と化した。少年が見た戦争とはどのようなものだったのか。

974 源氏物語入門
高木和子
日本の古典の代表か、色好みの男の恋愛遍歴か。『源氏物語』って、一体何が面白いの？ 千年生きる物語の魅力へようこそ。

975 「よく見る人」と「よく聴く人」
―共生のためのコミュニケーション手法
広瀬浩二郎
相良啓子
目が見えない研究者と耳が聞こえない研究者が、互いの違いを越えてわかり合うためコミュニケーションの可能性を考える。

976 平安のステキな！女性作家たち
川村裕子
早川圭子 絵
紫式部、清少納言、和泉式部、道綱母、孝標女。作品の執筆背景や作家同士の関係も解説。ハートを感じる！王朝文学入門書。

977 国連で働く
―世界を支える仕事
植木安弘 編著
平和構築や開発支援の活動に長く携わってきた10名が、自らの経験をたどりながら国連の仕事について語ります。

978 農はいのちをつなぐ
宇根 豊
生きものの「いのち」と私たちの「いのち」はつながっている。それを支える「農」とは何かを、いのちが集う田んぼで考える。

979 10代のうちに考えておきたいジェンダーの話　堀内かおる

10代が直面するジェンダーの問題を、未来に向けて具体例から考察。自分ゴトとして考えた先に、多様性を認め合う社会がある。

980 食べものから学ぶ現代社会 ―私たちを動かす資本主義のカラクリ　平賀 緑

食べものから、現代社会のグローバル化、巨大企業、金融化、技術革新を読み解く。『食べものから学ぶ世界史』第2弾。

981 原発事故、ひとりひとりの記憶 ―3・11から今に続くこと　吉田千亜

3・11以来、福島と東京を往復し、人々の声に耳を傾け、寄り添ってきた著者が、今に続く日々を生きる18人の道のりを伝える。

982 縄文時代を解き明かす ―考古学の新たな挑戦　阿部芳郎 編著

人類学、動物学、植物学など異なる分野と力を合わせ、考古学は進化している。第一線の研究者たちが縄文時代の扉を開く！

983 翻訳に挑戦！ 名作の英語にふれる　河島弘美

he や she を全部は訳さない？ この人物は「僕」か「おれ」か？ 8つの名作文学で翻訳の最初の一歩を体験してみよう！

984 SDGsから考える世界の食料問題　小沼廣幸

アジアなどで長年、食料問題と向き合い、今も邁進する著者が、飢餓人口ゼロに向け、SDGsの視点から課題と解決策を提言。

985 迷いのない人生なんて
—名もなき人の歩んだ道
共同通信社編
共同通信の連載「迷い道」を書籍化。家族との葛藤、仕事の失敗、病気の苦悩…。市井の人々の様々な回り道の人生を描く。

986 ムクウェゲ医師、平和への闘い
—「女性にとって世界最悪の場所」と私たち
立山芽以子
華井和代
八木亜紀子
アフリカ・コンゴの悲劇が私たちのスマホに繋がっている？ ノーベル平和賞受賞医師の闘いと紛争鉱物問題を知り、考えよう。

987 フレーフレー！就活高校生
—高卒で働くことを考える
中島 隆
就職を希望する高校生たちが自分にあった職場を選んで働けるよう、いまの時代に高卒で働くことを様々な観点から考える。

988 野生生物は「やさしさ」だけで守れるか？
—命と向きあう現場から
朝日新聞
取材チーム
多様な生物がいる豊かな自然環境を保つために、時にはつらい選択をすることも。悩みながら命と向きあう現場を取材する。

989 〈弱いロボット〉から考える
—人・社会・生きること
岡田美智男
弱さを補いあい、相手の強さを引き出す〈弱いロボット〉は、なぜ必要とされるのか。生きることや社会の在り方と共に考えます。

990 ゼロからの著作権
—学校・社会・SNSの情報ルール
宮武久佳
情報社会において誰もが知っておくべき著作権。基本的な考え方に加え、学校と社会でのルールの違いを丁寧に解説します。

991 データリテラシー入門 ―日本の課題を読み解くスキル
友原章典
地球環境や少子高齢化、女性の社会進出など社会の様々な課題を考えるためのデータ分析のスキルをわかりやすく解説します。

992 スポーツを支える仕事
元永知宏
スポーツ通訳、スポーツドクター、選手代理人、チーム広報など、様々な分野でスポーツを支えている仕事を紹介します。

993 おとぎ話はなぜ残酷でハッピーエンドなのか
ウェルズ恵子
異世界の恋人、「話すな」の掟、開けてはいけない部屋――現代に生き続けるおとぎ話は、私たちに何を語るのでしょう。

994 歴史的に考えること ―過去と対話し、未来をつくる
宇田川幸大
なぜ歴史的に考える力が必要なのか。近現代日本の歩みをたどって今との連関を検証し、よりよい未来をつくる意義を提起する。

995 ガチャコン電車血風録 ―地方ローカル鉄道再生の物語
土井　勉
地域の人々の「生活の足」を守るにはどうすればよいのか？　近江鉄道の事例をもとに地方ローカル鉄道の未来を考える。

996 自分ゴトとして考える難民問題 ―SDGs時代の向き合い方
日下部尚徳
「なぜ、自分の国に住めないの？」彼らが国を出た理由、キャンプでの生活等を丁寧に解説。自分ゴトにする方法が見えてくる。